여자는 목소리로 90% 바뀐다

여자는 목소리로 90% 바뀐다

우지은 지음

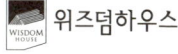

2002년 하늘나라로 먼저 가신,
이 세상에서 나를 가장 자랑스러워하셨던
사랑하는 아빠에게 이 책을 바칩니다.
지금, 당신이 눈물 나게 보고 싶습니다.

• **Prologue**

여자, 목소리로 행복을 사라!

어릴 적부터 난, 멋진 커리어우먼이 되길 꿈꿨다. 유창한 외국어 실력으로 해외를 오가며 비즈니스를 하고, 고층빌딩의 전망 좋은 사무실에서 에스프레소 한잔으로 분주함 속에 여유를 즐기는 모습을 상상해보곤 했다.

대학에 가면 살이 빠지고 예뻐진다는 어른들의 말이 사실인 줄 알았고, 시간이 흘러 어른이 되면 저절로 세련되고 멋있어지는 줄로만 알았다. 흔히 말하는 '성공'을 거머쥐는 것은 그저 조금만 노력하면 쉽게 되는 일로 여겼다. 적어도 대학을 졸업하기 전까지는…….

학교라는 안락한 울타리는 말 그대로 나를 보호해주는 바람막이 같은 것이었다. 졸업 이후부터가 진짜 오롯이 내가 만들어야 하는 진정한 나의 인생이었다. 세상은 쉽지 않았다. 제대로 갖춘 것도 없이 들뜬 열정과 꿈만 가득한 풋내기에게 세상은 당연히 차가웠고, 상처 입고 우는 날도 많았다. 그래서 다짐했다. 그 차가운 세상이 뜨겁게 원하는 그런 사람이 되자고! 그리고 하나둘씩 서서히 나를 변화시켜 나갔다.

사람들은 현재의 완성된 모습만을 본다. 당연하다. 반짝이는 다이아몬드의 광채를 보면서 이전에는 그것도 울퉁불퉁한 원석 덩어리였음을 인식하는 사람은 드물다. 주로 20대 중후반인 나의 제자들, 30대 초반의 후배들이 내게 와서 이런저런 고민 상담을 할 때가 많다. 그 주된 이야기는 꿈을 찾아가는 지금의 시간이 너무 힘들다는 것, 아무리 노력해도 세상이 나를 알아주지 않는다는 것이다. 그럴 때면 나는 기억을 십여 년 전으로 되돌려 그 당시의 나를 이야기해주곤 한다.

"그때의 나도 지금의 너와 똑같았어. 너무 불안해하지 마. 누구나 그런 과정을 거치는 거란다."

처음부터 크고 멋진 성공이란 없다. 초라한 시작이 늘 있을 뿐이다. 그런데 이제 막 무언가를 시작해보려 할 때, 그 '시작'이 참 힘들다. 세상은 온통 두려움이다. 잘 안다. 나 역시 그러했으니.

"네 시작은 미약하나 그 끝은 창대하리라."

힘들었던 시절, 내가 자주 되뇌던 말이다. 미약한 시작이었지만 그 끝은 눈부시게 아름다울 거라는 믿음 하나로 달려온 지난 시간들. 가끔 내게 '성공한 커리어우먼'이라는 낯간지러운 타이틀을 붙여줄 때도 있지만, 나는 남들의 기준으로 재단되는 '성공'이란 단어보다는 '성취'란 단어가 훨씬 좋다. 그것이 크든 작든 내가 목표한 바를 하나씩 이루어나가는 성취의 기쁨이야말로 인생을 사는 즐거움이라 생각한다.

가진 것 없고, 소심했던 평범한 여대생이 공중파 아나운서가 되고, 수백 명 앞에서 열정적인 강의를 하는 스피치강사가 되었다. 이어 '보이스 컨설턴트 우지은'이라는 자신의 확고한 브랜드를 갖게 되었으며, 우리나라에서 손꼽히는 스피치 교육 회사의 CEO가 되었다. 객관적인 시각에서의 엄청난 성공은 아닐지라도 깊은 바닥에서부터 내가 목표한 바를 이루기까지 난 쉬지 않고 달렸다. 그리고 더 높은 곳을 향해 난 오늘도 달린다. 힘들었지만 꿈이 있기에 행복했고, 새로운 꿈을 꾸는 지금도 행복하다. 내가 꿈을 이루면 난 다시 누군가의 꿈이 된다.

나에게는 두 가지의 큰 신념이 있다.

첫째, 사람은 누구나 마음먹기에 따라 그 어떤 모습으로도 변화할 수 있다는 점이다. 여기에서 '변화'란, 한 사람을 이루는 총체적인 상태의 변화를 의미한다. 내적 마인드, 외적인 모습, 목소리, 태도, 능력 등 모든 것을 아우르는 변화다. 그러한 변화를 통해 누구든지 가슴에 품은 그 어떠한 일도 해낼 수 있다고 믿는다. 그리고 모든 변화 중에 그 중심에 단단히 서 있어야 하는 것은 단연 '내면'이다. 올바르고 강한 내적 자신감과 긍정적인 마음이 가장 중요한데, 그 내면과 가장 맞닿아 있는 것이 나는 '목소리'라고 생각한다.

둘째, 그러한 점에서 목소리는 내면을 변화시키는 강력한 힘을 갖고 있다는 것이다. 10년 가까이 목소리를 집중적으로 연구하고 컨설팅해 온 결과, 목소리가 바뀜으로써 실제의 성격이나 내면의 이미지, 더 나아가 외적 모습까지 바뀌는 것을 나는 무수히 목격해왔다. 목소리 하나만 바뀌어도 주변 사람들의 태도, 평가 등이 달라질 것이다. 사람들의 시선이 달라지면 자신감도 고취될 것이다. 그리고 그렇게 만들어진 자신감은 표정과 자세, 몸짓에 자연스럽게 표출되어 이는 다시 선순환을 일으키며 진정한 변화를 가져온다.

나는 목소리의 그 숨겨진 힘에 대해 알리고, 이 시대를 함께 살아가는 젊은 여성들과 인생의 멋진 변화를 만들기 위한 실질적인 '방법'을 나누고 싶어서 이 책을 집필했다. 십 년 넘게 방송을 하고 강단에 서면서 나는 늘 사람들 속에 있었고, 사람들의 시선을 받는 일을 해왔다. 내면의 깊은 자신감이 없다면 금방 쓰러질 수도 있는 일이었다. 내성적이고 수동적이던 나를 적극적이고 열정적인 나로 바꿔야만 했다. 나의 내면에서부터 외적 모습까지 오로지 자신감으로 무장해야만 했다. 그런 변화의 과정을 나는 솔직하게 있는 그대로 보여주고 싶었다. 그래서 나의 작은 경험들이 누군가에게 희망이 된다면, 변화할 수 있다는 열정을 불러일으킨다면, 나는 더없이 기쁘고 행복할 것이다.

우선 나의 지난 15년간의 꿈의 여정을 통해 견고한 내면을 만들어온 과정을 당신과 공유하고 싶다. 그리고 직장에서 인정받고 남성을 설레게 하는 매력적인 목소리를 만드는 비법과 누구라도 첫눈에 반할 여성의 외적 아름다움, 이미지를 완성하는 매너와 화법 등에 대해 구체적으로 제시하고자 한다. 인생의 진정한 변화와 행복을 꿈꾸는, 멋지게 세상으로 비상하고픈 당신의 아름다운 꿈을 열렬히 응원한다.

2013년 벚꽃 흩날리는

설렘 가득한 봄날에

• **Contents**

Prologue_ 여자, 목소리로 행복을 사라!　006

••• Part 1. 내 인생을 바꾼 목소리 트레이닝

'보이지 않는' 이미지도 가꿔야 한다　016
꿈을 향한 티핑 포인트를 잡아라　020
결핍은 도전하게 만드는 촉매제다　024
내면의 목소리에 귀 기울여라　029
절박함 속에서 자신감은 단단해진다　034
멀리 내다보는 사람이 길을 찾는다　039
인생의 터닝 포인트가 되어준 목소리 트레이닝　046
목표를 이미지로 그리면, 그것은 현실이 된다　051
꿈은 시간이 지날수록 진화한다　056

●●● Part 2. 사람을 오래도록 끄는 매력, 목소리 이미지

목소리, 그 숨겨진 힘에 대하여 062
가장 원초적인 감각, 청각 | 여자는 외모만 예쁘면 그만이라고? | 목소리를 들으면 사람이 보인다 | 목소리, 누구나 바꿀 수 있다!

커리어우먼의 프로페셔널 목소리 071
능력 있는 여성의 프로다운 목소리는? | 아나운서의 신뢰감 주는 목소리 따라잡기
지적인 목소리에 진짜 지성미 갖추기 | PT를 잘하는 사람의 목소리, 이것이 다르다!
일상 속, 여성들이 가장 갖고 싶어 하는 목소리 1위_ 차분하고 감성적인 목소리

사랑스러운 여성의 매력적인 목소리 106
남성을 설레게 하는 여성의 목소리 | 여성스러운 목소리의 비밀, 미간공명
다양한 소리를 내는 무지개 발성 | 물결 억양을 이용한 밝은 느낌의 스피치

당신의 목소리 고민 해결법 119
비호감 목소리, 이렇게 개선할 수 있다! | 여성이 반드시 고쳐야 할 언어 습관
"콤플렉스였던 목소리, 자신감의 원천이 되다!"_ 목소리 트레이닝 후기

●●● Part 3. 누구라도 첫눈에 반할 외적 이미지

내 안의 여성성 높이기 152
여성은 여성스러울 때 가장 눈부시게 빛난다 | 내가 멋진 서른 가지 이유
손도 말을 한다 | 친근감을 높이는 따뜻한 접촉
여성스러운 이미지를 강조하는 제스처

호감을 높이는 전략 168
상대의 마음을 여는 따라 하기 전략 | 품격이 묻어나는 자세와 걸음걸이
호감을 전달하는 눈 맞춤

미소가 나를 살린다 179
세상에서 가장 따스한 언어, 미소 | 나만의 매력적인 표정 찾기 훈련
스스로 진단해보는 미소 체크 포인트 | 환한 미소와 가슴은 같은 방향으로

스포트라이트를 받는 전략 194
위치가 이미지를 결정한다 | 자신감을 끌어올리는 옷을 입어라 | 외모 콤플렉스는
누구나 있다

●●● Part 4. 이미지의 완성, 매너

매너의 첫 단추, 인사　208
매너의 다른 이름, 배려 ｜ 인사는 '제가 당신을 보았습니다'라는 신호

마음을 움직이는 매너의 기술　215
마음을 얻는 매너 있는 말하기 3원칙 ｜ 말하는 대로 된다. 소리 내어 행복을 불러들여라! ｜ 매력은 친절이다

아름다운 이미지로 기억되는 법　227
다름의 차이를 인정하자 ｜ 당돌함과 자신감은 차원이 다르다
문자메시지에 은근히 드러나는 이미지 ｜ 나는 어떤 향기로 기억될까?
향기로 기억되는 작은 배려

Epilogue_ 그대 인생의 아름다운 정원을 꿈꾸라　240

« PART I

내 인생을 바꾼 목소리 트레이닝

'보이지 않는' 이미지도 가꿔야 한다

몇 년 전, 한 대학에서 학생들을 위한 이미지 메이킹 강의를 마치고 강단을 나서는데 한 남학생이 다가와서는 꾸벅 인사를 했다. "선생님, 저는 이미지 메이킹이 단순히 외모만 꾸미는 것이라고 생각해서 조금은 부정적인 감정이 있었는데, 오늘 강의를 들어보니 그게 아니네요. 저도 이미지 메이킹 좀 해야겠어요. 강의 정말 잘 들었습니다!" 하며 환하게 웃는 것이 아닌가.

비단 이 남학생뿐만 아니라 많은 사람들이 비슷한 생각을 갖고 있다. 흔히 이미지라고 하면 단순히 겉모습만을 떠올리기 때문에 진실한 모습과는 동떨어진 것이라고 여긴다. 한편, 주변을 보면 내면을 가꿀 생각은 전혀 하지 않고 성형, 피부 관리, 패션 등 오로지 외모에만 관심을 쏟는 이들도 심심찮게 볼 수 있는데, 이러한 이들에게 이미지는 그저 빈껍데기일 뿐이다.

미국의 평론가 월터 리프만은 "이미지란, 우리들 인간이 어떤 대상에 대해 갖는 머릿속의 그림이다"라고 정의 내린다. 이미지는 우리말 표현으로 하자면, 심상(心象)이다. 이미지의 정의를 월터 리프만이 '머릿속의 그림'이라고 했다면 심상은 '마음의 형상'이다. 어떤 대상에 대해 이성적, 감성적, 그리고 외적, 내적으로 받는 모든 느낌을 이미지라고 보면 된다.

좋은 이미지를 보여주는 사람은 주위의 신뢰를 얻고 성공도 빨리 하지만, 이미지가 나쁘면 그 반대의 결과가 온다. 좋은 이미지로 먼저 다가가기에 외적 이미지가 효과적이지만, 그 이미지를 오래도록 유지하려면 내적 이미지가 바탕이 되어야 한다. 그래야 이미지가 진정한 인격으로 다가갈 수 있게 된다. 그래서 가장 효과적인 이미지 메이킹이란 외적 이미지와 더불어 내적 이미지를 성공적으로 전달했을 때를 말한다.

그렇다면 내적 이미지는 어떻게 쌓고, 드러낼 수 있을까?

외적 이미지는 직접적으로 보이는 것으로 어느 정도의 스킬로 충족되지만, 내적 이미지는 직접적으로 보이지 않는 가치관, 삶의 태도, 열정 등을 의미하는 만큼 오랜 기간의 내공이 필요하다. 그렇다고 미리 절망할 것은 없다. 지금부터라도 내적 이미지를 위한 방향을 설정하고 노력하면 된다. 일단 꿈이 있어야 하고, 목표로 삼고 싶은 이미지를 마음에 품어야 한다. 그런 다음, 변화하고자 하는 의지와 자신감을 가지고 도전하는 것이다.

나 역시 이제까지의 인생을 돌아본다면, 한마디로 꿈과 도전의 과정이었다. 나는 평범한 학생에서 아나운서로, 그리고 아나운서에서 강사로, 강사에서 한 회사의 대표로 변화해 왔는데, 변화의 시점에 맞추어 그 직업과 역할에 맞는 내적·외적 이미지를 갖고자 부단히 노력했다.

지적이고도 우아한 아나운서가 되길 꿈꿨기에 내가 아나운서임을 잊지 않고 항상 아나운서의 품위를 지키고자 노력했다. 아나운서의 목소리를 갖기 위해 끊임없이 연습했으며, '아나운서처럼' 입고 행동하고 말하던 나는 그 당시 누가 봐도 아나운서로서의 자신감을 갖고 있었다.

20대 중후반에 접어들어서는 제2의 직업으로 열정과 파워가 넘치는 강사를 꿈꿨다. 방송 카메라 앞이 아닌 수많은 사람들과 직접 소통하면서 그 반응을 즉시 온몸으로 느끼는 강사라는 직업은 내면에 더 큰 자신감을 요구했다. 20대의 강사 시절에는 나이 많은 어른들 앞에서도 절대 기죽지 않는 담대함이 필요했다. 스스로에게 많은 격려와 용기를 주며 강한 내면을 만들기 위해 노력했으며, 아나운서의 부드러움에 열정과 파워를 더해 나만의 강의 스타일을 만들어나갔다.

그리고 지금은 부드러운 카리스마를 내뿜는 멋진 CEO가 되길 소망한다. 여러 가지 직업을 경험해본 결과 CEO가 가장 어려운 직업 같다. 이해관계에 얽혀 있는 많은 사람들을 아우르며 하나의 목표를 향해 달려가는 것, 그리고 사람들의 마음과 행동을 리드하는 것, 이를 위해서는 꾸준한 마음수양과 배려를 기반한 커뮤니케이션만이 답인 듯하다. 어떤 상황에서도 감정의 동요를 크게 느끼지 않을 만큼의 굳건한 내적 이미지를 만들기 위해 난 오늘도 노력한다. 그리고 회사 내에서는 최대한 많이 웃으며 편안한 분위기를 만들되, 명확한 지시와 공정한 태도를 유지하기 위해서도 애쓴다.

목표는 사람을 부지런하고 성실하게 만든다. 또한 눈에 보이지 않는 열정적 에너지를 발산하게 만든다. 그 에너지는 굳이 말로 표현하지 않아도 누구나 느낄 수 있다. 그래서 내면의 이미지를 가꾸기 위해서는 '목표를 갖는 것'이 가장 중요하다. 나 역시 내 가슴속의 소중한 목표들을 이루기 위해 숱한 도전을 했고, 그 속에서 이룬 작은 성취들이 내면의 자신감을 만들어주었다. 두려움 없는 자아를 가지고 싶다고 노트에 수십 번을 썼고, 용기를 내어 일단 밀어붙이는 과정을 반복하면서 누가 뭐라 해도 흔들리지 않는 자존감을 가질 수 있었다.

나는 이미지 메이킹이란 "이상적인 나의 모습을 위해 이미지를 통합적으로 관리하는 개인의 총체적 노력"이라고 생각한다. 즉, 현재 나의 모습을 남이 나를 보듯 객관적으로 바라보고, 내가 바라는 목표를 정해 그 이상향에 일치하도록 생활 전반에 걸쳐 능동적 노력을 기울이는 것, 그래서 그 이미지를 곧 자신의 본질로 만드는 것, 이것이 진정한 이미지 메이킹이며 자기계발인 것이다.

다시 말해 내적 이미지를 형성하기 위해서 특별한 스킬이 필요한 것이 아니다. 단지 자신이 원하는 모습을 생생하게 꿈꾸고, 거침없이 도전하며 길을 찾아갈 때 내적 이미지가 더 견고하게 만들어질 수 있다. 그동안 내적 이미지를 만들기 위해 한 단계씩 쌓아온 나의 이야기가 당신의 삶을 설계해가는 데 의미 있는 지표가 되길 바란다.

꿈을 향한
티핑 포인트를 잡아라

삶이 그저 무료하지 않다는 증거는 터닝 포인트(turning point)와 티핑 포인트(tipping point)에서 찾을 수 있다. 살다 보면 더러 변화를 맞게 되는데, 그 가운데 이 두 가지 포인트가 기다리고 있다. 물론 이 기회를 잡는 것은 각자의 몫이다. 터닝 포인트가 전환점을 의미하는 것이라면 티핑 포인트는 아주 작은 일을 극대화하는 것을 말한다. 내게도 어느 날 두 가지 포인트가 찾아왔다.

"너 아나운서 하면 잘 어울릴 것 같아."

누군가 무심코 던진 이 한마디가 내 인생의 터닝 포인트가 되었다. 나의 꿈 목록에는 자리하고 있었지만, 그 말을 들을 때만 해도 아나운서는 내 시야에 있던 꿈이 아니었다.

스무 살 나의 꿈은 전공인 불문학을 살려서 한불 통역사가 되거나 교수가 되는 것이었다. 대학 시절 행복했던 기억을 꼽으라면 도서관에 앉아 여유롭게 책을 읽던 시간이 가장 먼저 떠오를 만큼 공부하는 걸 즐겼고 꽤 열심히 하는 성실한 학생이었다. 당연히 학부를 마치자마자 프랑스로 유학을 떠나 공부할 계획이었다. 부모님은 늘 든든한 지원군이었고, 내 인생은 순풍에 돛 단 듯 그저 순조롭게 펼쳐질 줄 알았다.

그러나 삶은 그렇게 호락호락하지 않았다. 스물두 살 초여름, 나의 장밋빛 꿈은 아버지의 사업 실패와 부도로 인해 집안 형편이 급속도로 기울면서 현실 앞에 완전히 산산조각이 났다. 10년간 살아온 집은 한순간에 온통 빨간딱지가 붙여진 채 경매로 넘어갔다. 가족은 뿔뿔이 흩어졌으며, 부모님은 이혼 위기까지 이르렀고, 나는 친척 집에서 눈칫밥을 먹어가면서 겨우 학교를 다녀야 했다.

정말 순식간에 일어난 일이었다. 마치 드라마나 영화에 나올 법한 극적인 장면처럼 말도 안 되는 일이 2001년, 내게 일어난 것이다. 그해 여름의 고통이 아직도 생생하다. 깜깜한 방안에 시체처럼 누워, 울다 지쳐 잠이 드는 날이 많았다. 안락한 가정에서 부족한 것 없이 살아온 내게 갑작스럽게 닥친 현실은 그야말로 끔찍한 고통이었다. 꿈은 송두리째 사라져버렸고, 가혹한 현실 앞에 내 손에 쥐어진 것은 아무것도 없었다.

> "어려운 상황에 놓였을 때 극복하는 방법은 두 가지다. 상황을 바꾸거나 그 상황에 대처하는 나 자신을 바꾸거나."

나는 필리스 보텀의 말처럼 선택을 해야 했다. 내게 처한 상황을 바꾸든지, 아니면 그 상황에 처해 있는 나 자신을 바꾸든지, 그동안 내가

해왔던 것이나 잘할 수 있는 건 '공부'밖에 없다고 생각했는데, 공부를 지속할 수 있는지도 장담할 수 없는 상황이었다. 앞으로 무엇을 해야 하는지 생각하면서 취직이라는 현실적인 문제를 떠올릴 수밖에 없었다. 여느 20대와 다를 바 없이 특별한 줄만 알았던 나는 평범한 삶으로 터벅터벅 들어가는 것이 오히려 더 두렵게 느껴졌다. 그래서 대학 3학년 겨울방학 두 달을 꼬박 내가 정말 원하는 것이 무엇인지에 대해 고민하고 또 고민했다. 바로 그때 아나운서에 대한 권유를 듣게 된 것이다.

처음 그 말을 들었을 때는 그저 듣기 좋으라고 한 말로 여겼다. 그도 그럴 것이 당시 미팅에서 만난 남학생이 "혹시 혈액형이 A형 아니세요?"라고 물어볼 정도로 말이 없고 숫기도 없는 내성적인 여학생이었다. 사람들 앞에서 말하는 게 부끄러워 발표가 있는 수업은 모조리 제외하고 수강신청을 할 정도였다. 게다가 목소리나 외모가 특별히 예뻤던 것도 아니고, 소위 말하는 배경도 없었다. 즉 아나운서가 될 만한 자질이나 가능성은 거의 없었다고 보는 게 객관적인 판단이다.

하지만 돌이켜 보면 내 모습 어딘가에는 아나운서의 이미지가 나타나고 있었는지도 모른다는 생각이 들었다. 잠시나마 아나운서를 꿈꾸던 학창시절, 아나운서를 동경하면서 나름대로 노력했던 성과물이 나도 모르게 배어 났던 것은 아닐까?

초등학교 1학년 때, 교과서에 실린 '영호의 일기'를 세 번 읽고 녹음해오라는 숙제가 주어졌다. 그때 아빠가 사주신 카세트 녹음기는 나의 유년 시절 최고의 장난감이었다. 버튼 하나만 누르면 녹음된 내 목소리가 들리는 게 신기했던지, 여덟 살 어린 소녀는 틈만 나면 녹음기를 앞에 두고 노래를 부르고, 가요 프로의 MC를 따라 해보기도 했다.

나의 녹음기 사랑은 그 이후에도 쭉 이어졌는데, 중고등학교 시절에는 배경음악을 틀어놓고 혼자서 시낭송을 녹음하는 게 취미일 정도였다. 그 무렵 신은경 아나운서의 『9시 뉴스를 기다리며』라는 책을 읽고 막연히 아나운서를 동경하기도 했었다. 하지만 내가 진짜 아나운서가 될 수 있다는 생각은 하지 못했다. 내 능력 밖의 일이라 여겼기에 고이 접어만 두었던, 가슴 저 깊은 곳에 있던 꿈이었다.

그렇게 잊고 있었던 꿈이, 누군가 던진 한마디 말에 가슴속에서 꿈틀거리기 시작했다. 콤플렉스를 극복하고 성공을 이룬 사람들의 이야기로 가득 찬 어느 TV 프로그램에서처럼 '어쩌면 나도 열심히 노력하면 꿈을 이룰 수 있지 않을까?' 하는 작은 희망이 싹트기 시작했다. 아나운서로서 갖춰야 할 장점은 없었지만, TV 속에 나오는 수많은 성공한 인물들이 그러했듯 나도 그렇게 부족한 점들을 극복하고 성취하고 싶었다.

드디어 새로운 꿈이 생긴 것이다. 불가능해 보이지만 그래도 그럴듯해 보이는, 정말 이루고 싶은 무엇이 생기자 새로운 에너지가 용솟음치는 듯했다. 내면의 목소리가 진정으로 이 일을 원하고, 하고 싶다고, 잘할 수 있다고 외치고 있었다. 그것이 아나운서를 향한 티핑 포인트의 출발점이었다.

결핍은 도전하게 만드는 촉매제다

꿈을 향해 끝없는 도전을 한다는 것은 어쩌면 무모하거나 그만큼 절실하다는 방증일 것이다. 아나운서를 향한 나의 도전도 다른 사람들이 보기엔 무모할지 모르지만 내게는 절실했다. 마부위침(磨斧爲針), 도끼를 갈아 바늘을 만든다는 말처럼 아나운서라는 꿈을 이루기 위해서 나는 실력을 갈고닦아야만 했다.

지상파 방송국 1000대 1, 지방 방송국 300~400대 1의 치열한 경쟁률을 뚫고 아나운서의 자리에 앉기 위해서는 험난한 과정을 거쳐야 한다. 아마도 이것이 내 인생의 첫 번째 용기였던 것 같다. 참으로 쉽지 않은 그 길을 가고자 했던 용기, 불확실한 미래에 대한 도전은 스물두 살의 가진 것 없던 나로선 꽤나 용감한 선택이었다. 나의 아름다운 꿈의 여정은 그때부터가 시작이었다.

매일같이 라디오뉴스를 수십 번 들으면서 받아 적고, 앵무새처럼 똑같이 그 억양과 발음을 따라 하며 내 목소리를 녹음했다. 그때 나는 친척 집에서 나와 학교 앞에 있는 한 평 남짓한 고시원에서 생활하고 있었는데, 마음껏 소리 내어 발성연습을 할 수 있는 내 방 한 칸이 그토록 그리울 수가 없었다. 다닥다닥 붙어 있는 고시원 방에서 발성연습을 한다는 것은 그야말로 민폐였다. 그래서 생각 끝에 6층짜리 고시원의 옥상을 떠올리곤 그곳에서 뜨거운 햇볕이 내리쬐든 바람이 불든 아랑곳하지 않고 목청 높여 뉴스원고를 읽고 또 읽었다. 그러자 목소리가 점점 트이는 것이 느껴졌다.

대학교 4학년, 다들 취업준비로 정신없이 바쁠 때 난 오로지 아나운서가 되겠다는 일념 하나로 혼자 묵묵히 리딩 연습을 지속해나갔다. 하지만 계속 혼자 연습하는 것으로는 한계가 있다는 것을 느끼고, 보습학원에서 아이들을 가르치며 받은 보수로 아나운서를 양성하는 아카데미에 등록해 교육을 받았다. 그야말로 주경야독이나 다름없었다. 꿈을 위해 땀 흘려 번 돈으로 받는 교육이라 당연히 누구보다도 열심히 연습할 수밖에 없었다. 시간이 흘러 함께 공부했던 친구들조차 "그때 넌 정말 뭐가 되도 될 것 같았어"라고 말할 정도였다.

어디서 그런 힘이 나왔을까. 내가 만일 10대 시절처럼 20대에도 부족한 것 없이 풍요롭게만 살았다면 내 꿈이 이토록 간절해질 수 있었을까. 그때의 어려움이 없었다면 난 온실 속의 화초처럼, 철없는 공주처럼, 세상 물정 모른 채 나만의 성에 갇혀 살았을 것이다. 그러나 20대 나의 현실은 초라했다. 학교 내 작은 스낵코너에서 팔던 800원짜리 김밥과 우동, 그리고 150원짜리 자판기 밀크커피가 나의 점심 단골메뉴였고, 그것도 아주 가끔은 단돈 800원이 없어 친구에게 얻어먹기도 했다. 당시 느꼈던 1,000원의 소중함 때문에 지금까지 하루도 빠짐없이 가계부를 쓰고 있다.

가난이라는 초라함과 비참함 사이에서 때로 절망도 했지만, "내 성격이 어떻건 배경이 어떻건, 그건 상관없다. 극복할 수 있는 힘은 언제나 나한테서 시작된다"는 오프라 윈프리의 말처럼, 극복하기 위해 나는 더 꿈을 향해 달렸다. 어쩌면 나는 가난했기에 진짜 내가 무엇을 하고 싶은지 더 치열하게 고민하고, 찾으려 노력할 수 있었던 것 같다.

2001년 11월, 아카데미를 다닌 지 3개월 만에 CBS 기독교방송에서 첫 오디션을 치를 기회가 주어졌고, 그 기회를 놓치지 않고 잡았다. 'CBS 취재리포터 우지은'이라는 생애 첫 명함을 받아든 순간을 지금도 잊을 수 없다. 처음이란 게 그랬다. 그 설렘과 열정이 가슴 깊이 남는 법이다. 첫 취직으로 기뻐하던 엄마의 모습, 적은 돈이지만 방송을 통해 내가 돈을 벌 수 있게 되었다는 행복감, 내 목소리가 라디오방송으로 나가던 첫 방송 날 온몸에 흐르던 전율이 아직도 생생하다.

내가 처음 맡았던 프로그램은 「최종원, 장미화의 행복을 찾습니다」라는 아침 프로그램으로, 매주 토요일마다 '행복보고서'라는 30분짜리 꼭지의 아이템을 찾아 직접 취재하고, 오디오 편집하고, 글도 쓰고, 방송까지 하는 일인다역을 해야 했다. 추운 겨울날 거리에서 오들오들 떨면서 시민 인터뷰를 하는 일은 쉽지 않았다. 가끔은 잘했다고 칭찬을 받기도 하고, 또 가끔은 담당 PD에게 혼이 나서 눈물을 펑펑 쏟기도 했다.

어떤 일이든 시작이 가장 어려운 법이다. 아직 뛰어난 실력도 경력도 배경도 없는 여학생이 방송 기회를 잡아 실력을 쌓아가기란 정말 쉽지 않았다. 실력이란 경험을 통해서 만들어지는 것인데, 바로 그 경험을 쌓을 기회가 초보에겐 잘 주어지지 않는다. 그래서 내가 두드릴 수 있는 모든 문을 다 두드리기로 했다. 큰 방송사든 작은 방송사든 오디션 공고가 나면 어디든 다 이력서를 내고, 부지런히 달려가 시험을 치렀다.

아나운서, MC가 되는 모든 시험의 1차 관문은 카메라테스트인데, 그 현장의 분위기는 정말 뜨겁다. 지원자들은 모두 경쟁적으로 외모에 신경 쓸 뿐만 아니라 서로를 살피는 기 싸움도 만만치 않았다. 나도 처음에는 그 분위기에 기를 펴지도 못했지만 오디션을 거듭하면 할수록 요령과 더불어 자신감도 생겼다. 오히려 나중엔 경쟁자들을 의식해 대기실에서 가장 큰 소리로 연습할 정도로 배짱도 두둑해졌다. 그렇게 수도 없이 많은 오디션을 치르며, 그중 대부분은 떨어지고, 그중 몇 개는 운 좋게 합격하며 아주 작은 경력부터 쌓아나갔다.

최초의 TV 출연은 농수산홈쇼핑 방송 프로그램에 들어가는 현장 VCR 리포터였고, 뒤를 이어 원주MBC에서「강원 365」라는 프로그램의 현장 리포터로 수개월 동안 활동했다. 이외에도 작은 지역방송의 뉴스도 진행하고, 여러 케이블 방송에서 MC도 맡으며 나는 조금씩 다듬어져갔다.

나의 최종 목표는 멋진 공중파 아나운서가 되는 것이었다. 촬영하지 않는 날엔 토익공부와 논술, 종합상식 등 필기시험 공부와 씨름하며 그렇게 나는 꿈에 가까워지기 위해 필사적인 노력을 했다. 불안과 두려움이 엄습할 때마다 책상 앞에 붙여둔 "He can do, She can do, Why not ME?"를 외치며 남들도 다 하는 거, 나도 할 수 있다고 스스로 강하게 동기부여를 했다. 매일매일의 공부 분량을 달성하면 도장가게에 가서 직접 '합격'이라고 새겨온 빨간 도장을 눌러 찍으며 의지를 다져 나갔다. 하지만 꿈으로 가는 문턱은 높기만 했다. 처음으로 치른 KBS 아나운서 공채 시험은 낙방했고, 그해 SBS에서는 졸업예정자까지만 지원할 수 있어서 기회조차 없었다. MBC에서는 처음으로 1차에서 카메라테스트가 아닌 사진전형을 도입했는데, 눈을 씻고 찾아봐도 합격자 명단에 내 이름은 없었다. 꼬박 일 년을 준비해 온 시험이었기에 속상해 견딜 수가 없었다. 너무 허탈해서 울음이 멈추지 않았다.

그러나 내가 원하던 꿈이 지금 당장 이루어지지 않는다고 해서 꿈을 포기할 수는 없었다. "미래는 자신의 꿈이 아름답다고 믿는 사람들의 것이다"라는 엘리너 루스벨트의 말처럼, 나는 내 미래가 아름답게 펼쳐질 것을 굳게 믿었기에 다시 힘을 낼 수 있었다.

내면의 목소리에
귀 기울여라

 말을 냇가에 데려갈 순 있어도 물을 먹게 할 수는 없다는 말이 있다. 동기부여란 다른 사람에 의해 형성되기도 하지만 스스로 하고자 했을 때 그 힘은 더욱 커진다. 누군가 그 길을 가라고 해서 가는 것보다는 스스로 찾아가는 길일 때 끝까지 갈 수 있는 법이다. 아무리 어렵고 힘든 길이라도 스스로 원했기 때문에 견디며 가는 것이다.

 그럼에도 꿈을 향해 간다는 것은 분명 쉽지 않은 길임을 뼈저리게 느낄 때가 많았다. 불안하기만 한 현실 앞에 과연 잘할 수 있을지 스스로 의심을 품기도 했다. 졸업하고 번듯한 직장에 다니는 친구들과 달리 말이 좋아 프리랜서지, 일용직 근로자처럼 불안한 생활을 보내고 있는 나로선 어서 대형 방송사에 아나운서란 이름으로 당당히 취업하고 싶었다. 하지만 공중파 방송사 아나운서 공채 시험에서 떨어진 탓인지 한동안 슬럼프에 빠져 지냈다.

그래도 가끔은 희망을 얻고 싶어 성공한 방송인들의 강의를 듣기도 했다. 하지만 그들이 전하는 희망 메시지보다는 그들의 화려한 현재와 나 자신이 비교될 뿐이었다. 한창 잘 나가는 여성 아나운서를 보았을 때는 절망감이 더 했다. 나는 그렇게 멋지게 될 수 없을 것 같아서, 내가 너무 부족한 것만 같아서 가슴이 답답했다. 내가 가고자 하는 길이 아주 멀게만 느껴졌다.

비단 내 상태만 그랬던 것은 아니었던 모양이다. 함께 방송을 준비하던 많은 친구들이 다른 길을 찾아 나섰다. 하지만 나는 방송 말고는 다른 어떤 것도 떠올릴 수 없었다. 다른 건 하고 싶지도 않았고, 솔직히 할 수도 없을 것 같았다. 결국 이 길을 가려면 자꾸 약해지는 마음을 추스르는 방법밖에는 없었다. "용기가 나지 않을 때 할 수 있는 가장 용감한 행동은 용감한 척하고 그에 걸맞게 행동하는 것이다"라고 코라 메이 화이트 해리스가 말했던 것처럼 다시 힘을 내 방송 일을 기회가 닿는 대로 계속해나갔다.

"지은 씨는 목소리가 안정적이고 좋아. 아나운서 될 수 있을 것 같은데! 계속 열심히 해봐."

열심히 하다 보니 함께 촬영을 나가던 카메라 감독으로부터 칭찬을 듣기도 했다. 참으로 힘이 되는 고마운 말이었다. 외모, 학벌, 배경으로는 경쟁력이 전혀 없던 내가 승부수를 띄울 수 있는 건 실력밖에는 없었기에 차별화될 수 있는 '목소리'에 집중하기로 했다. 머리맡에는 항상 뉴스 원고를 두고 잘 정도로, 매일 복식호흡과 발성 연습을 게을리하지 않았다. 무의식중에라도 뉴스의 톤과 억양을 익혀 완전히 내 것으로 만들고 싶었다. 그렇게 내 목소리는 점점 다듬어져갔다. 방송 내레이션을 한 후에는 늘 꼼꼼한 모니터를 하며 미세한 숨소리, 쉼의 간격, 발음 하나까지도 일일이 체크할 정도로 목소리만큼은 완벽을 기했다.

천 리 길도 한 걸음부터 간다는 마음으로 서울 대형 방송사 공채 전에 원주, 춘천, 충주 MBC 순으로 지역 공중파 시험에 도전했다. 1, 2차 시험을 통과하고 모두 최종면접까지 가뿐히 올라갔다. 원주 MBC 면접에서는 소극적인 대처로 최종합격까지는 이르지 못했다. 그래도 굴하지 않고 실패를 거울 삼아 춘천 MBC 시험에서는 많은 준비와 연습을 했다. 그런데 이번엔 너무 적극적으로 나간 탓에 또다시 낙방의 쓴맛을 봐야 했다. 마지막 남은 충주 MBC에서 나의 온 에너지를 쏟아 철저히 준비하고, 열정과 진정성으로 면접에 임했다. 만일 결과가 좋지 않다고 해도 후회하지 않을 만큼 최선을 다했다. 그리고 최종 합격자 발표가 있는 날까지 기도하고 또 기도하며 나는 간절한 마음으로 기다렸다.

그 마음이 통했던 걸까? 충주 MBC 홈페이지에서 합격자 발표 명단을 확인하는 순간 나는 믿기지 않았다. 우지은. 내 이름 석 자가 그곳에 있었다. 드디어 진짜 아나운서가 되었다는 사실에 기쁨의 눈물이 왈칵 쏟아졌다. 꼬박 3년의 어두운 터널을 통과하고, 드디어 한 줄기 빛을 본 환희의 순간이었으며, 세상을 다 얻은 듯 행복했다. 그렇게 나의 첫 번째 꿈은 이루어졌다.

충주라는 낯설지만 정겨운 작은 도시에서의 새로운 삶이 시작되었다. 처음 해보는 타지 생활이었지만, 공중파 아나운서가 되었다는 기쁨과 자부심으로 뭐든 다 잘할 수 있을 것 같았고 의욕이 넘쳤다. 처음이라는 것은 묘한 긴장감과 설렘이 함께하면서 가슴을 벅차게 했다.

너무 긴장한 나머지 헉헉 차오르는 숨을 겨우 진정시키며 정신없이 원고를 읽어나가던 첫 방송. 그렇게 신고식을 호되게 치르고 난 후, 나는 점점 지역 방송국 아나운서 생활에 익숙해져 갔다. 어느 순간부터는 매일 긴장의 연속이었던 생방송 뉴스를 시작하기 전, 데스크 앞에 놓여 있는 모니터용 TV로 드라마를 볼 정도로 여유가 생겼다. 그리고 무엇보다도 난 부스 안에 혼자 앉아 라디오 방송을 진행할 때가 가장 즐겁고 행복했다. "별이 빛나는 밤에~" 시그널뮤직을 배경 삼아, 차분한 음성으로 청취자들과 소통하던 그 시간이 정말 좋았다. 그렇게 봄, 여름, 가을, 겨울이 지나고 다시 봄을 맞았다. 나의 이십 대 중반이 그곳에서 피어나고 있었다. 그런데 일 년이 조금 넘고 모든 업무가 익숙해질 무렵, 약간의 매너리즘 같은 것이 고개를 들기 시작했다. 방송권역이 좁다 보니 방송할 때의 긴장감이나 설렘이 시간이 흐를수록 점점 사라져갔다.

약간의 무료한 일상이 지속되던 어느 날 나는 나 자신에게 진지하게 물어보았다.

'이게 네가 그토록 원하던 삶이니? 계속 이렇게 살아도 되겠니?'

물론 일이 익숙해졌기에 편안했고, 아나운서라는 자부심도 여전했다. 하지만 원래 원하던 내 꿈이 완성된 것은 아니라는 생각이 들었다. 좀 더 역동적이고 화려하고 멋진 인생이 저 멀리서 나를 기다리고 있을 것 같았다. 지난날 나를 둘러싼 결핍이 절실한 마음을 만들어 꿈을 향해 도전하게 했다면, 지금의 안정적인 생활은 동기부여마저 갉아먹고 있었다.

내가 진정 원하던 삶이 아니라면, 그 삶이 주는 안락함에 빠지지 말고 내면의 소리에 귀 기울일 필요가 있다. 내가 가야 할 길이 멀고 힘들지라도 가슴 저 깊은 곳에서 '이건 아니야!'라고 외친다면 그 소리에 충실할 필요가 있다. 3년을 고생해서 얻은 공중파 아나운서의 타이틀과 안정된 생활이라는 달콤함을 벗어나기란 쉬운 게 아니었다. 나의 새로운 도전에 대해 주변 사람들은 당연히 만류했고, 내 선택을 믿는다고 말한 엄마의 목소리에도 걱정이 묻어났다.

하지만 나는 오로지 가슴속 목소리에 집중했고, 결국 사직서를 냈다. 단양 철쭉제 생방송을 끝으로 충주에서의 생활을 마무리했다. 그리고 나는 다시 빈손이 되었다. 후회하지 않겠다고 다짐했다.

절박함 속에서
자신감은 단단해진다

　도전은 모험이다. 도전을 해야 자신의 능력을 제대로 알 수 있다. 실패가 두려워서 도전하지 않는다면 자신의 가능성도 그만큼 묻혀버릴 수밖에 없다. 내 선택과 도전이 무모하다고 여기기엔 아직 젊었다.
　스물여섯. 많지 않은 나이였기에 나는 다양한 분야에서 나의 가능성을 시험해보고 싶었다. 정확히 무엇이 내가 원하는 길이고, 내 능력이 폭발적으로 발휘될 길인지 알고 싶어 MBC와 EBS 성우시험, SBS 탤런트 시험까지 치렀다. 그런데 아쉽게도 2차 실기시험에서 모두 낙방했다. 나의 자질과 가능성이 궁금해서 본 시험이었기에 크게 실망하지는 않았다. 심사위원들 앞에서 어설프게나마 내면의 끼를 발산하며 연기를 해 보였다는 점에서 재밌는 경험이었다고 생각한다. 젊은 시절, 도전해보지 않으면 후회만 남을 것 아닌가.
　그런데 사실 내가 정말 마지막이라 생각하고 도전하고 싶었던 시험은 서울 공중파 아나운서 공채였다. 솔직히 그 꿈에 집중하고 싶어서 충주 MBC를 퇴사했는지도 모른다. 퇴사 후 그해 가을, 시험을 치르기까지 약 3~4개월 동안 공부에 몰입했다. KBS 공채 지원을 위한 한국어능력시험을 보고, 필기시험과 실기시험, 면접 준비 등을 골고루 해 나갔다. 이미 4년간의 방송 경험이 있는 만큼 실력에서는 뒤지지 않는다고 자부했으며, 이번엔 정말 될 것 같은 기분이 들었다. 진짜 마지막이라고 다짐했다. 이후에 다시는 시험을 치르지 않겠다고 나 자신과 약속을 하고 결연한 자세로 KBS와 MBC 아나운서 시험을 연이어 치렀다. 그런데 행운의 여신은 나의 편이 아니었다. 결과는 좋지 않았다.

굳은 결심과 노력이 물거품이 되어버리는 순간의 허탈함, 노력만으로 되지 않는 것이 있다는 것을 알았을 때의 절망감에 휩싸였다. 그리고 내가 왜 안 되는지 생각했다. 나는 막연히 외적 이미지를 탓했다. 스스로 미인이라고 생각하진 않지만 나는 유독 TV에 비쳤을 때 실물보다 못생기게 나오는 편이다. 30초~1분 정도의 짧은 시간 동안, 외적 이미지와 목소리만으로 즉시 합격·불합격이 결정되는 1차 카메라테스트에서 난 언제나 불리했다. 외적 이미지의 불리함이 내 운명을 가혹하게 만든 것이라 탓하며 절망했다.

그러나 지금 생각을 해보면, 내가 그때 떨어진 진짜 원인은 내면 깊숙한 곳에서의 자신감 부족이었던 것 같다. 나는 늘 큰 시험을 치를 때면 '과연, 내가 합격할 수 있을까?'라는 생각을 떨치지 못했다. 그러니 당연히 그 생각이 자신감을 떨어뜨리게 했던 것이다. "자신감을 잃으면 온 세상이 나의 적이 된다"라는 에머슨의 말을 빌려 표현하면 나는 그때마다 나 자신에게 적이 된 셈이다. 어떤 시험을 치르더라도 '과연?'을 '당연!'으로 바꾸고, 자신의 잠재력을 100% 믿는 것이 필요하다는 것을 이제는 숱한 경험을 통해 알고 있다.

사실 충주 MBC에 사표를 던질 때만 해도 뭐든 될 줄 알았다. 하지만 세상이 내게만 등을 지고 있는 것처럼 이상하게 그때는 뭘 해도 되지 않았다. 방송이라는 이름을 달고 있는 곳이라면 어디든지 달려가 오디션과 면접을 보았지만 나를 찾는 곳은 없었다.

'내가 이것밖에 안 되나? 내가 과연 방송을 계속할 수는 있을까?'

내게 필요한 건 '일'이었는데 일할 기회조차 주어지지 않으니 꽤 힘든 시간이었다. 그리고 20대 시절이면 누구나 한 번쯤 목숨 걸어 보는 것, 사랑이다. 20대 중반의 힘들었던 시절, 심적으로 의지하던 사람과도 이 무렵에 헤어졌다. '일과 사랑' 모두를 한순간에 잃어버리고 만 것이다. 식음을 전폐하고 몇 주를 누워 있었다.

하지만 절망 속에 나를 버린 채 더 이상 헤맬 수는 없었다. 다시 힘을 내야만 했다. 새로운 터닝 포인트가 필요한 시점이었다.

그 힘든 시기에 나를 구원해준 것은 다름 아닌 책이었다. 일은 없고, 시간은 많고, 마음 둘 곳은 없고, 뭐라도 할까 싶어 집 근처 동사무소에 딸린 작은 도서관 구석에 앉아 자기계발 서적들을 읽기 시작했다. 좋은 글을 읽고 있으면 그나마 마음에 위안이 찾아오고, 희망이 보이는 듯했다. 그리고 내 인생을 바꾼 한 권의 책, 『종이 위의 기적, 쓰면 이루어진다』를 만났다. 우리가 '우연'이라고 하는 대부분이 실은 자신이 세상을 향해 보낸 무의식적인 메시지들에 의해 일어나는 '필연'이라는 것이 책의 요지였다. 그러니 자신이 원하는 것에 대해 해결방법이 보일 때까지 구체적으로 기록하다 보면 언젠가 이루어진다고 했다.

그래서 두툼한 노트를 사서 내가 원하고 바라는 것들을 써내려가기 시작했다. 책 속에서 마음에 드는 구절을 읊조리기도 하고, 노트에 옮기기도 했다. 그러다 보니 일종의 자기최면이 되면서 다시 시작할 용기가 슬며시 올라왔다.

2004년 가을, 수많은 자기계발 서적들을 탐독한 결과 나에게 진정 필요한 것이 바로 '이미지 트레이닝'이라는 것을 깨닫게 되었다. 내가 되고 싶은 모습, 하고 싶은 것, 갖고 싶은 것들을 눈앞에 생생하게 시각화시키는 이미지 트레이닝을 반복했다. 나는 분명 이룰 수 있다는 의지를 담아 '자기 확신의 주문'을 외고 또 외웠다. 나의 모든 바람과 꿈, 목표, 계획을 언제나 노트에 세세하게 기록했다.

그 결과 나는 서서히 변화됨을 느꼈다. 나는 원래 긍정적인 사람이 아니었지만 강력하게 실천한 이미지 트레이닝은 나를 좀 더 긍정적인 사람으로 만들고, 힘든 상황에서도 뜻한 바를 추구할 수 있는 인내심과 추진력을 갖게 했다. 그리고 정말 신기한 일은 노트에 써내려갔던 대부분의 목표들이 짧게는 2개월, 길게는 3년 안에 다 이루어졌다는 점이다. 진짜 기적과도 같은 일들은 그 이후로 내게 수없이 많이 펼쳐졌다.

아무튼 이렇게 책을 통해 어둠의 구렁텅이에서 겨우 빠져나오면서 더 이상 한 방향만 보지 않고 내 능력껏 다양한 분야에서 꿈을 펼쳐 보이기로 마음먹었다. 되든 안 되든 뭐든 도전해보기로 말이다. 프로필 사진을 근사하게 새로 찍고, 이력서를 정성껏 써서 프리랜서 아나운서, MC 공고가 날 때마다 어디든 지원을 했고, 이거 아니면 안 된다는 생각으로 모든 오디션과 면접에 열정을 다해 임했다.

또한 '방송인'이란 직업은 대중들의 인지도와 인기에 따라 가치가 매겨지는 것이기에 '나'를 알리기 위한 고민도 꾸준히 했다. 지금은 흔한 일이 되었지만, 나는 사진과 프로필이 들어간 독특한 명함을 꾸준히 업데이트하며 제작하기도 했고, 그동안 방송했던 영상을 모아 편집해서 하나의 홍보 영상으로 만들기도 했다. 당시만 해도 동영상 작업이 쉬운 게 아니었다. VHS(가정용 비디오테이프 레코더 방식)로 된 영상을 전문가에게 의뢰해서 편집하고, 그것을 기술발전에 따라 플로피디스크로, CD로 업그레이드 버전을 계속 만들어서 방송국 PD들에게 보냈다. 2007년도엔 개인 홈페이지 제작에 키워드 광고까지 했을 정도로, 나 자신을 브랜드화 하기 위해 남다른 노력을 기울였다.

나의 이런 고민과 노력이 조금씩 통했는지 작은 일부터 서서히 하나둘 들어오기 시작했다. 내가 자신감으로 무장했을 때 그에 따른 응답이 오는 것을 다시 한 번 느꼈다. 그 무렵 모 케이블 방송의 아나운서 시험에 합격했는데, 그때 담당 PD가 시간이 지나 이런 얘기를 한 기억이 난다.

"내가 널 왜 뽑았는지 아니? 넌 그때 정말 절실해 보였어. 목숨 걸고 시험 보는 거 같더라."

내가 만일 안 된다며 절망의 늪을 헤매고만 있었다면 나는 그저 내 인생의 패배자로 남아 있었을 것이다. 더 이상 뒤로 물러설 곳이 없다는 절박함, 그것이 나를 일으켰나 보다.

멀리 내다보는 사람이
길을 찾는다

　시행착오라는 말은 도전의 한 모습이 아닐까 싶다. 많은 도전이 시행착오를 겪으면서 지금보다 나은 모습, 변화의 모습이 되기 때문이다. 도전하지 않는다면 시행착오라는 말을 굳이 쓸 필요가 없으니 말이다. 오 헨리는 "나는 나의 발길을 이끌어주는 유일한 램프를 가지고 있다. 그것은 경험이란 램프다"라고 말했다. 여기서도 경험이란 도전을 통해 얻은 결과물을 말한다.

　현실에 안주하기엔 젊었고, 도전하지 않으면 어떤 것도 얻을 수 없다는 것쯤은 그간의 과정을 통해 깨달았던 바다. 그래서 모든 것을 툴툴 털고 프리랜서로 새로 시작하면서 나의 잠재능력과 가능성을 다각도로 알아보고 싶었다. 어쩌면 무엇이 되는지보다 어떻게 살 것인지가 더 중요할지도 모른다.

힘든 시기를 거치면서 꾸준히 다양한 오디션에 도전하다 보니 CBS, YTN, EBS, CJ 케이블 방송 등 여러 방송사에서 뉴스캐스터로, 전문 MC로 활동하게 되었고 제법 능력도 인정받았다. 모든 일이 그렇듯 한 곳에서 제대로 인정을 받으면 그것이 계기가 되어 또 다른 기회의 문이 열린다. KBS 리포터로 1년 반 동안 「세상의 아침」과 「6시 내고향」, 「시사중심」 등의 프로그램을 하게 되었다.

리포터라는 직업이 여행도 다니면서 산해진미를 다 맛보는 것 같지만, 전국을 돌아다녀야 하기 때문에 실은 체력적으로 엄청 고된 일이다. 10분 방송을 위해 이틀을 꼬박 쉴 새 없이 촬영해야 하며, 갖은 체험도 다 해야 했다. 너무 힘들 때는 그만두고 싶은 마음도 굴뚝같았지만 아나운서의 옷을 벗고 새롭게 시작한 일인 만큼 잘한다는 소릴 꼭 듣고 싶었다. 그렇게 하다 보니 제법 리포팅에도 물이 올랐고 나만의 분위기로 프로그램 안에서 빛을 발하게 되었다.

아나운서만큼이나 젊은 여성들에게 굉장히 인기 많은 직종인 TV 홈쇼핑의 쇼 호스트는 그다지 관심을 뒀던 분야가 아니었다. 나의 순발력이나 애드리브 능력은 쇼 호스트들에 비해 너무나 부족하다는 것을 누구보다 잘 알고 있었기 때문이다. 그런데 귀에 잘 꽂히는 색깔 있는 목소리 덕분인지 방송 관계자들의 추천으로 홈쇼핑 게스트 제안이 종종 들어왔다. 나와 잘 맞지 않는다는 것을 알면서도 또다시 머릿속엔 '도전'이라는 단어가 떠올랐고, 내 한계를 넘어서고 싶었다. 내 능력을 시험해보고 싶다는 마음으로 당시 CJ와 LG 홈쇼핑의 게스트로 쇼 호스트 옆에 나란히 서서 몇 차례의 생방송을 했다.

홈쇼핑 방송은 대본 없는 생방송으로 진행되는데, 쇼 호스트와 게스트가 적절하게 말을 주고받는 식으로 진행된다. 그런 환경이 낯설었고, 끊임없이 자기 얘기를 쏟아내는 쇼 호스트의 말을 어디에서 끊고 들어가야 하는지 도저히 타이밍을 잡지 못해 멍하니 있을 때가 많았다. 방송을 거듭할수록 내 능력이 발휘될 수 있는 곳은 아니라는 생각이 들었다. 다만 도전에 의미를 두어야 했던 경험이었다.

그리고 내가 방송 쪽으로 뛰어들면서 또 한 가지 해보고 싶었던 분야는 CF 모델을 비롯한 영화, 드라마 출연이었다. 사실 이 분야는 진지하게 도전을 했다기보다는 프리랜서의 자유로운 시간을 이용해 좀 더 다양한 분야에서 일하는 즐거움을 느끼고 싶었던 이유가 강했다. 크고 작은 광고에 출연하면서 한 생명보험 회사의 메인 모델이 되기도 했다. 나의 경력과 이미지를 십분 살릴 수 있는 아나운서 멘트 위주의 광고였다. 신뢰감을 주면서도 한 번 들으면 잊히지 않는다는 얘길 종종 듣던 나의 목소리, 내 목소리 이미지가 보험광고에 딱 맞아떨어진 것이다. 노트에도 여러 차례 적어봤던 광고 메인모델의 꿈을 목소리 덕분에 이룰 수 있게 되었다.

영화나 드라마의 경우 '아나운서, MC, 기자' 역할로도 종종 출연했다. 아나운서, MC는 내게 딱 맞는 맞춤 정장 같은 일이었기에 영화, 드라마 현장에서의 촬영 역시 즐겁고 자신이 있었다. 혹은 캐스팅 디렉터의 갑작스러운 연락을 받고 사극에 조연 연기자로 출연하기도 했다. 한번은 「바람의 화원」이라는 사극에서 기생역할을 맡아, 내 머리 3배는 되어 보이는 크고 무거운 가체(加髢)를 쓰고 밤새도록 촬영했던 것이 가장 기억에 남는다. 대사 한마디 없이 몸짓과 표정 연기만 하는 것이었지만 나름 진지하게 연기자처럼 몰입했다. 낯선 세계에서의 잊지 못할 경험이었다.

　이렇듯 삶의 아무리 작은 경험도 거기에 가치를 부여하면 큰 의미가 된다. 돌이켜 보면 다양한 활동을 하면서 나의 가능성을 탐색하고 나를 더 알아가기 위해 애쓰던 20대 후반의 시간, 그때 타오르던 열정이 오늘의 나를 만들지 않았을까.

'지금 내가 가고 있는 길이 진정 내가 원하는 길인가?'

'나는 앞으로도 이 길을 계속 갈 것인가?'

　변화된 삶을 가기 위해서는 현실에 안주해서는 안 된다. 그러려면 자신에게 끊임없이 삶에 대한 질문을 던져야 한다. 나는 불안정한 프리랜서 방송인으로 살면서 이 길이 진정 내 인생 전체를 걸 만한 길인지 깊이 고민했다. 그 결과 내 안에서 들리는 답은 '아니오'였다. 내게 더 잘 맞는, 내 능력이 더 크게 발휘될 수 있는 다른 길이 있을 것 같았다.

　'그동안의 경험과 능력을 이용해서 나는 과연 어떤 일을 새롭게 할 수 있을까?' 하며 진지하게 고민하다 보니 문득 떠오른 것이 '스피치 강사'였다. 사실 아나운서 시험을 준비하던 시절, 스피치학원을 다닌 적이 있었다. 그곳에서 말하기를 연습하며 자신감이라는 것도 훈련을 통해서 얻을 수 있다는 사실을 알게 되었다. 그러다 '말하기에 대한 두려움이 있었지만, 이를 극복하기 위해 노력했고, 그 결과 아나운서라는 꿈을 이룬 나 같은 사람이 스피치 강의를 하면 훨씬 청중과 공감대 형성을 잘 할 수 있지 않을까? 말 못하는 사람의 심정도 충분히 알고, 나 역시 그 과정을 거쳐 왔기에 더욱 세심하게 잘 가르칠 수 있지 않을까?'라는 생각까지 하게 된 것이다.

　현재는 방송인 출신의 강사가 무척 많지만, 2004년 당시만 해도 거의 없던 시절이었다. 따라서 벤치마킹할 선배도 마땅히 없었다. 하지만 아나운서와 스피치 강사의 연결고리가 확실하다는 생각이 들었고 내가 하면 잘할 수 있을 것 같았다. 난 생각이 많고 신중한 성격이긴 하나, 일단 결심이 서면 바로 행동으로 옮겨버리는 '행동파'였기에 곧바로 도전을 시작했다.

전혀 다른 영역으로의 새로운 도전이었다. 자기 인생의 길은 이 문을 열어야 하는지, 아니면 저 문을 열어야 하는지 누구도 정답을 알려주지 않는다. 그 해답을 찾을 수 있는 사람은 오로지 '나 자신'뿐이다. 가만 앉아 있으면 해답이 보이지 않을 것을 알기에 난 적극적으로 찾아 나선 것이다.

고민 끝에 영등포에 있는 한 스피치 학원에 찾아가서 그동안의 방송 경력을 이야기하며 스피치 강의를 해보고 싶다고 수줍은 듯하지만 당차게 말했다. 당시 그 학원의 원장님은 내 잠재력과 가능성을 보았던지 2개월 정도의 강사양성과정을 거친 다음 바로 학원 강의에 투입되도록 했다. 강의는 정말이지 새로운 영역이었고, 가슴 벅찬 경험임을 이 일을 시작하고 얼마 지나지 않아 깨닫게 되었다. 누군가에게 내 작은 지식과 경험을 나누어줄 수 있다는 점이 보람 있었고, 나와의 수업으로 자신감을 찾고 환하게 웃는 사람들을 볼 때 무척 행복했다.

방송카메라 앞에 서는 것만이 설렘이고 행복인 줄 알았는데, 강의에는 또 다른 차원의 벅참과 희열이 존재했다. 방송은 잘 짜인 프로그램 안에서 기획의도에 따라 연기를 해야 하는 것이었지만, 강의는 내가 연출자이자 작가이자 배우였고, 내가 생각하는 모든 것을 내 마음껏 무대 위에서 뿜어낼 수 있었다. 나의 말 한마디에 수백 명의 청중이

까르르 웃고, 감동을 얻고, 새로운 인생을 다짐하기도 했다. 한 사람 한 사람에게 미치는 직접적 영향력으로 치자면 강의는 방송보다 더 큰 힘을 갖고 있었다.

물론 내가 처음부터 강의를 멋지게 잘했다거나 큰 달란트가 있다고 생각한 것은 아니다. 학원에서 코칭 위주의 스피치 강의를 시작한 지 2~3개월이 지났을 무렵, 처음으로 외부 기업체 강의를 하게 되었다. 대형 프랜차이즈 학원의 강사를 비롯한 원장 200여 명을 대상으로 하는 이미지 메이킹 강의였다. 내가 감당하기엔 부담스러운 점도 없지 않았지만 어차피 한 번 넘어야 할 산이었다. 2주 정도의 준비기간에 관련 책과 동영상 강의를 모조리 찾아 공부하고, 교안을 만들고 수십 번 리허설을 했다. 강의를 한다고 생각하면 큰 부담이었기 때문에 방송을 한다는 마음으로 해보기로 했다. 방송 경험을 살려 MC들이 보는 큐카드처럼 대본도 직접 만들었는데, 강의에 필요한 적절한 애드리브와 유머도 빠뜨리지 않았다.

그렇게 철저히 준비한 첫 외부 강의. 하지만 강의실을 꽉 메운 200여 명의 청중들 앞에서 긴장하지 않을 수 없었다. 물론 MC로서 더 큰 무대에 서 본 경험은 많았지만, 강의는 또 다르기에 크게 심호흡을 하고, 주문을 걸며 강단에 올랐다.

'그래, 방송하는 것처럼 하자. 괜찮아, 연습도 많이 했잖아.'

초반에 많이 긴장되었지만 그럴수록 무엇보다 호흡을 놓치지 않고 밝게 웃으려고 애썼다. 다행히 재미있는 스토리텔링 소재로 강의를 진행하다 보니 서서히 강의실은 웃음으로 가득찼다. 워낙 리허설을 많이 반복했던 터라 초반의 긴장감이 사라지고 나니 머리로, 몸으로 익힌 내용들이 술술 쏟아져 나왔다. 첫 강의의 결과는 성공이었다. 청중의 큰 환호와 박수를 받으며 강단에서 내려올 수 있었고, 온몸의 세포가 꿈틀꿈틀 살아서 기쁨의 춤을 추는 듯했다. 그날 밤은 내가 드디어 해냈다는 만족감에 잠을 이루지 못했다. 그토록 찾아 헤매던 '내가 가야 할 길'을 첫 강의를 통해 확신할 수 있었다.

"제 갈 길을 아는 사람에게 세상은 길을 비켜준다"고 하지 않던가. 드디어 세상이 내게 그 길을 활짝 열어주는 느낌이었다.

인생의 터닝 포인트가 되어준
목소리 트레이닝

현대 사회는 자신만의 강점이 있어야 성공할 수 있는 시대다. 그래야 자기의 강점을 최고치까지 발휘하여 어떤 영역에서 최고가 된다. 하지만 아무리 뛰어난 재주라도 오랜 시간 갈고닦는 노력 없이는 아무 소용이 없다.

어릴 적 우리 집 장롱 위에는 '사랑의 매'라고 쓰인 회초리가 항상 놓여 있었다. 회초리에는 "인내는 쓰나 그 열매는 달다. - 아빠가"라고 적혀 있었다. 물론 그 회초리로 혼이 난 경험은 없지만 힘들 때면 회초리에 쓰인 그 메시지가 나를 견디게 했다. 목표로 한 무언가를 성취하기 위해서는 늘 인내의 시간이 따르기 마련이다. 그 힘든 시간을 잘 견뎌내기 위해서는 무엇보다도 길게 그리고 멀리 보는 능력이 필요하다. 겨우 몇 달 혹은 1~2년 해보고 나서 포기하는 것이 아니라 최소 4~5년 이상 진득하게 무언가를 했을 때 진짜 성과가 나온다고 믿는다. 내가 가진 능력이란 것도 절대 남보다 탁월한 능력이 아닌 긴 안목으로 묵묵히 인내심을 발휘해온 것, 그것이 전부였다.

20대 후반을 정말 일만 하며 바쁘게 살았다. 또 그 와중에 밤에는 대학원까지 다니며 학창시절 그토록 염원하던 학업을 이어나갔다. 학기 중엔 리포트 제출에 시험까지 치르느라 눈코 뜰 새 없는 시간을 보내면서도 '방송과 강의'라는 두 마리 토끼를 잡으려고 안간힘을 썼다. 각각 다른 영역이긴 하나 비슷한 부분이 상당히 많기에 다행히도 양쪽 분야에서의 경험이 언제나 시너지 효과가 나는 듯했다. 전문 MC로의 입지를 굳힐 만큼 열심히 뛰었더니 많은 행사들이 뒤따라왔다. 화려한 스포트라이트를 받으며 많은 사람의 눈과 귀가 내게 집중되는 느낌, 내 목소리가 마이크를 타고 커다란 공간을 부드럽게 울려 다시 내 귀로 메아리처럼 들릴 때의 황홀한 기분이란 말할 수 없는 행복감을 안겨주었다.

강의를 시작한 초반에는 '방송과 강의'에서 강의의 비중이 10%도 안 되었는데, 점점 그 비중이 늘어갔다. 강의가 정말 'My Way'라고 확신했던 이유는 같은 노력과 에너지를 투자했을 때 나오는 결과의 확연한 차이 때문이었다. 내가 똑같이 100만큼의 노력을 기울였을 때, 방송에서는 70~80 정도로 인정을 받는다면, 강의에서는 150 이상으로 인정받는 느낌이었다. 그동안 방송 모니터를 지속적으로 하면서 자연스럽게 다듬어진 자세와 제스처, 다양한 표정, 거기에 오랜 시간 트레이닝을 통해 나만의 필살기로 만든 개성 있는 목소리가 크게 한몫을 했다.

그리고 그 당시 남들이 하지 않던 '목소리 트레이닝'이라는 내가 선택한 주력 강의 분야 또한 강점이 되었다. 2005년, 내가 몸담고 있던 학원의 원장님이 '목소리 트레이닝'이라는 수업을 처음 제안했을 때 나는 손사래를 치며 자신 없다고 말씀드렸다. 당시에는 다른 이를 지도할 만한 노하우나 경험이 전혀 없었기 때문이다. 그러나 적극적인 권유로 일단 맡게 된 수업. 그때의 작은 시작이 내 인생을 송두리째 바꾸어놓을 줄 당시엔 전혀 예상하지 못했다. 일반인을 대상으로 한 목소리 트레이닝은 스피치 학원가에 처음 등장해 인식조차 없을 만큼 새로운 아이디어였다. 물론 초반에는 교육생이 많지 않았지만 하나둘씩 인원은 늘어났고, 목소리 고민을 호소해오는 많은 이들을 만나며 나는 보이스 컨설턴트로서의 역량을 서서히 쌓아나갔다. 어찌 보면 새로운 개척지라 혼자 책을 보고, 연구하고, 관련 강의를 들으며 다양한 트레이닝 방법을 채워나갔다.

그렇게 3~4년 정도 학원 내 강의와 간혹 학원을 통해 들어오는 외부강의를 이따금씩 할 무렵, 드디어 '기회의 여신'이 나에게 찾아왔다. 나는 내 앞에 오는 기회를 내가 정한 목표 속에 안착시키려고 했다. 그렇게 해서 나의 대학 시절 꿈, 교수가 될 수 있었다. 꿈이란 내 안의 어딘가에 잠재해 있는 한 언젠가 이룰 수 있음을 깨닫게 되었다. 물론 피나는 노력이 있었기에 선물로 주어지는 것이었다.

정식교수는 아니었지만 그래도 스물아홉, 많지 않은 나이에 드디어 대학 강단에 설 기회를 잡았다. 내 풋풋한 열정과 그간의 노력을 알고 계신 서울방송아카데미 김성철 원장님의 강력한 추천으로 용인송담대학 방송영상학부 외래교수가 될 수 있었다. 비록 제자들과 나이 차가 적은 교수였지만, 그들이 꿈을 이룰 수 있도록 언니처럼 누나처럼 늘 용기와 자신감을 북돋아 주려고 노력했다.

대학 강단에 서는 꿈 하나가 이루어지자, 그것이 발판이 되어 한국경제 TV에서 6회에 걸쳐 면접 강의를 할 기회도 얻었다. 방송인이 아닌 전문가로 TV에 출연하겠다던 또 다른 야무진 꿈 하나가 현실이 된 것이다.

2007년 12월, 목소리 트레이닝이 내 인생의 새로운 터닝 포인트를 만들어준 일이 생겼다. 물론 당시에는 그것이 기회인 줄 몰랐지만 내가 비로소 전문가로 우뚝 설 수 있게 해준 사건이 되었다. 서울대학교 교수학습개발센터에서 발성법 교육의뢰가 들어왔다. 게다가 대상은 서울대학교 교수들이었는데, 사실 부담스럽지 않을 수 없었다. 하지만 다행히 교수님들은 무척 진지하게 내 강의에 귀를 기울여주었고 실습에도 적극적으로 참여해주었다. 목소리 트레이닝 강의는 말 그대로 목소리를 훈련하는 방법에 대한 강의이기에 이론수업만을 하는 것은 의미가 없다. 직접 몸을 움직이면서 호흡을 해보고, 소리를 내면서 자기 소리를 찾아가는 과정이 중요하다. 청중의 입장에서 두어 시간 쫓아서 하려면 체력적으로 힘도 들지만, 그만큼 재미있고 역동적인 수업으로 소리 자체가 달라진 느낌을 짧은 시간 안에 확실히 받을 수 있다.

교수들의 강의 평가는 좋았고, 그 후 서울대에서의 강의는 매 학기 한두 차례씩 꾸준히 지속되었다. 그 덕분에 내 발성법 강의에 대한 입소문이 전국으로 빠르게 퍼져나갔다. 대학에는 교수들의 강의기법을 연구하고 이를 개발시키기 위한 교수학습개발센터가 있는데 이러한 센터들이 서로 정보를 주고받으며 연결되어 있었던 것이다. 다른 여러 대학에서 강의 요청이 줄을 이어 4~5년간 전국의 대학을 구석구석 누볐고, 기업체의 강의도 이어졌다.

언젠가 노트에 비행기를 타고 강의를 다니는 인기강사가 되겠노라고 쓴 적이 있다. 그 꿈은 그렇게 20대 후반에서 30대 초반에 원 없이 이뤘다. 일 년 전쯤에는 전 세계가 무대면 좋겠다고 썼다. 한국에서의 잔잔한 경쟁이 아닌 더 넓은 세계로 나가고 싶다는 의지였다. 물론 아직은 손에 잡히는 것 없는 막연한 꿈이지만, 꿈의 시작은 늘 그렇다. "비범한 사람은 결실이 풍부한 분야에서 보다 원대하게 성공을 생각하고 꿈꾸는 평범한 사람일 뿐이다"라는 멜빈 파워스의 말이 그 증거가 아닐까.

목표를 이미지로 그리면,
그것은 현실이 된다

　한창 버킷리스트가 유행했던 적이 있다. 죽기 전에 꼭 해야 할 일이나 하고 싶은 일들에 대한 리스트를 말하는 것이다. 그 버킷리스트를 통해 사람들은 자신을 되돌아보기도 하고, 그 리스트대로 이루려고 노력한다. 이처럼 우리가 종이 위에 뭔가 쓴다는 것은 자기 의지의 표현이기도 하다. 그래서 그것이 에너지가 되고, 그 에너지가 바탕이 된 노력이 결국 성취로 이루어진다. 이것은 내가 노트를 쓰는 이유이기도 하다.

　"삼십 대에 세 권 이상의 책을 쓰리라."

　막 서른이 되었을 때 나는 노트에 이렇게 썼다. 목소리 트레이닝이라는 미개척 분야의 강의를 전문화하고 발전시키면서 그 경험과 노하우를 정리하고 싶은 마음에서였다. 물론 한 분야의 전문가로 인정을 받는 최고의 방법은 책을 출판하는 일이라는 생각도 있었다. 하지만 책이 출판되는 경로도 몰랐고, 출판사에 아는 이도 없어 그저 고민만 하고 있었다.

그런데 그 꿈이 이루어지는 데는 그리 오랜 시간이 걸리지 않았다. 출판사에서 '목소리 트레이닝'으로 출간 제의가 온 것이다. 내 일생일대의 기회가 찾아오고 있다는 것을 직감할 수 있었다. 무엇보다 신기한 것은 내가 생각하고 있던 책의 컨셉과 구상, 내용 등이 출판사의 생각과 거의 일치했다는 점이다.

과연 내가 글을 잘 쓸 수 있을까? 학창시절 작문 시간을 제외하고는 제대로 된 글이라는 걸 써본 적이 없었기에 과연 책을 쓸 깜냥이나 있긴 한 것인지 의심이 들기도 했다. 그래도 내 전문 분야였기에 약 일주일간 고심하며 샘플원고를 썼다. 그리고 출판계약이 확정되던 순간, 눈물이 그렁그렁해지며 흥분한 마음을 감출 수가 없었다. 간절한 꿈이 이루어지는 기쁨의 순간이었다.

그로부터 약 6개월간 방송과 강의 일정이 있는 시간을 제외하고는 오로지 집필에만 몰두했다. 벌컥벌컥 쓰디쓴 커피를 하루에도 여러 잔 마셔가며 아침부터 밤까지 노트북 앞에만 붙어 있었다. 처음 하는 집필이라 결코 쉽지 않은 작업이었다. 워낙 완벽주의 성향이 강한 나여서 수도 없이 수정을 거쳤고, 너무 신경을 쓰다 보니 머리카락도 많이 빠질 정도로 힘들었다.

그렇게 나의 첫 번째 저서, 『목소리, 누구나 바꿀 수 있다!』가 2009년 10월, 세상에 나오게 되었다. 목소리 트레이닝이라는 말 자체가 낯설기도 한데다 일반인을 위한 목소리 트레이닝이라니 과연 어느 정도의 독자층을 확보할 수 있을지 예측이 어려웠다. 하지만 책은 출간되고 2

주 만에 바로 2쇄가 나올 정도로 큰 호응을 얻었고, 대형서점에서 실용서적 부문 1위, 자기계발 분야에서는 8위까지 오르며 진짜 베스트셀러가 되었다. 그리고 그 후로도 꽤 긴 시간 동안 스테디셀러 코너에 머물 만큼 독자들에게 인기가 높았다. 나의 오랜 꿈은 그렇게 서서히 이루어지고 있었다.

나는 가끔 "새로운 것을 시도할 용기를 가지고 있지 않다면, 우리의 삶은 과연 어떤 모습일까?"라고 했던 빈센트 반 고흐의 말을 되새겨볼 때가 있다. 내가 만일 내 인생이 정해준 흐름대로 아무런 시도 없이 살았다면 지금의 나는 분명 다른 모습이었을 것이다. 지극히 평범하고, 수동적인 삶을 살고 있지 않을까. 삶이 너무 힘들고 어려웠지만 더욱 용기를 내서 도전했기에 행운의 여신도 내 주변에 머물러 있는 것이리라.

책이 출간된 후 많은 독자들의 이메일을 받았다. 책을 통해서 목소리를 바꿀 수 있다는 희망을 갖게 해줘서 고맙다는 메시지도 있었지만 정확한 발성법을 배울 수 있는 곳이 있으면 좋겠다며 내게 직접 레슨을 받는 것을 문의해왔다. 사실 책을 통해서도 어느 정도 목소리 트레이닝을 할 수 있지만, 직접 발성시범을 보이면서 코칭을 하면 더욱 빠르게 이해시킬 수 있고, 쉽게 교정할 수 있다. 그런데 소리가 나오는 방법 자체를 글로 설명하자니 어쩔 수 없는 한계가 있을 수밖에 없었다.

독자들의 문의가 나의 또 다른 꿈을 앞당기게 했다. 마흔 정도가 되면 후학을 양성할 수 있는 교육원을 설립하리라 생각해왔다. 그런데 책이 출간되고 두어 달쯤 지났을 무렵, 독자들의 반응을 접하면서 내 회사를 지금 당장에라도 설립하고 싶은 생각에 내 가슴이 마구 요동치기 시작했다. 그토록 미칠 듯이 무언가 하고 싶은 기분은 처음이었던 것 같다. 아나운서나 강사의 꿈을 꿀 때도 그 정도의 갈망은 아니었다. 뭔가에 홀린 듯한 기분마저 들었다. 온통 회사설립에 마음이 빼앗겨 당장 하지 않으면 안 될 것 같은 조급한 마음이었다. 지금 생각해보면 그것이 내 운명이었기에, 그리로 그토록 마음이 끌린 게 아닌가 싶다.

생각하는 것을 머리에만 담고 있으면 실현되기는 어렵다. 2009년 겨울, 두세 달을 꼬박 머리가 지끈거릴 정도로 깨어 있는 모든 시간을 고민했던 교육원 설립은 서서히 밖으로 나갈 태세를 갖추고 있었다. 하지만 경기가 좋지 않아 기업들도 교육을 줄이고, 강사들 역시 일이 없어 아우성인데, 이런 시기에 교육원을 설립한다니 주변의 우려가 컸다.

하지만 언제나 그래 왔듯 인생의 중요한 선택의 기로 앞에서 난 누구보다도 내 내면의 목소리에 귀를 기울였다. 내 대답은 '하고 싶어, 해보자! 우지은, 잘할 거야!'였다. 그럼에도 사업은 위험요소가 늘 있기에 신중함을 갖기로 했다. 그러나 결국 나는 일을 저지르고 말았다. 나는 무모할 정도로 용감했는지도 모른다. 딱히 여윳돈을 가지고 있지 않아 재정적으로 매우 힘들 수도 있는 상황이었다. 그래서 불안하고 두렵기도 했지만 그럴수록 노트에 나의 바람과 다짐을 써내려가며 초긍정적인 마음을 가지려 애썼다. 그냥 나를 믿고, 나의 운에 기대를 거는 수밖에 없었다.

2010년 3월 2일, 내 이름의 이니셜을 딴 'W 스피치커뮤니케이션'이 제 모습을 갖추고 문을 열었다. 짧은 기간 크고 작은 일을 혼자 부딪쳐가며 준비했는데, 어디서 그런 힘이 생겼는지 모른다. 뭐든 그렇지만 시작은 늘 힘들었다. 첫 수강생은 단 8명, 모두가 나의 독자들이었다.

교육원의 모습이 갖춰지기 전임에도 불구하고 오로지 나라는 사람을 믿고 등록부터 미리 해준 감사한 분들이었다. 강사와 직원이라곤 나를 포함해 딱 2명뿐이었고, 아침 10시부터 밤 10시까지 매일같이 12시간 이상 일을 했다. 강의하기, 전화 받기, 상담, 청소 등 교육원 내의 모든 일들을 하면서도 학원이 한가한 시간을 이용해서는 외부 강의며 행사 MC도 꾸준히 뛰었다.

돌이켜 보면 참 바쁘게도 살았던 때였다. 출퇴근 시간을 제외하면, 집에서는 잠만 자고 나오는 생활의 연속이었다. 그럼에도 진정으로 하고 싶었던 교육 사업이었고, 잘하고 싶었고, 열정이 가득할 때라 힘든 줄 모르고 정진할 수 있었다. 그저 나의 꿈이 결집되어 있는 이 사업이 잘되길 바라는 간절함뿐이었다. 그 간절함이 나를 지탱해주었다.

꿈은 시간이 지날수록 진화한다

　인간이 다른 동물과 다른 것은 자신의 꿈을 실현하려 한다는 점이다. 그러므로 꿈이 없다는 것은 삶의 의미를 부여할 수 없는 슬픔이며 고통이다. 꿈이란 한 사람의 성장과 발맞추어 진화하고 변화하는 것이다. 자신에게 끊임없이 자극을 줌으로써 어제의 꿈보다 오늘의 꿈이 더 나아지면서 삶도 그만큼 달라진다. "사람이 올라갈 수 있는 한계는 정해져 있지 않다. 누구나 무한하게 올라갈 수 있다. 그 한계는 자신이 선택하는 것일 뿐이다"라는 마틴 부버의 말처럼 꿈의 진화 역시 자신에게 달린 것이다.

　사실 회사 운영에 대한 지식이나 경험은 전무했다. 다만 6년 정도의 스피치 강의 경력으로, 이상적인 스피치 교육에 대한 확고한 신념은 있었다. 그리고 신념을 이루기 위해서는 어떠한 가치와 시스템으로 운영되어야 하는지에 대한 명확한 비전과 계획이 있었다. 그렇기에 한편으로 걱정을 하면서도 자신감 있게 새로운 사업을 밀어붙일 수 있었던 것 같다.

　그동안 강의하며 최상의 보람을 느끼는 순간은 교육생들의 만족감에 가득 찬 환한 미소를 볼 때다. 그래서 교육이 그저 교육으로 끝나는 것이 아니라 진정한 변화로 이어지는 것, 그로 인해 최고의 만족감을 안겨주는 그런 행복한 교육의 장을 만들고 싶었다. 강사도 교육생도 보람과 만족감으로 긍정적 에너지가 넘치는 시간, 늘 웃음소리와 아름다운 목소리가 새어나오는 강의실, 사람들의 가슴속 소중한 꿈이 이루어지는 공간, W 스피치커뮤니케이션을 그렇게 만들고 싶은 것이 여전한 나의 꿈이다. 따라서 W 스피치커뮤니케이션이 추구하는 핵심가치는 처음부터 분명했다. '교육생의 변화와 최고의 만족'이라는 핵심가치 실현을 위해 모든 프로그램과 시스템을 만들었다.

　보이스 & 스피치 트레이닝 교육을 해보면, 사람마다 개선해야 할 부분이 모두 다르기에 획일적인 강의로는 개인의 실력을 향상시키기가 절대적으로 부족하다. 한 사람 한 사람에게 돌아갈 수 있는 피드백을 위해서라도 한 반의 수강인원을 최대 4~5명으로 설정했고, 수업시간에 찍은 영상파일은 어김없이 수업이 끝나면, 개인별로 이메일을 통해 강사의 코멘트와 함께 전송했다. 학원의 이익만을 생각해 수강생을 아무 때나 등록하게 하는 것이 아니라 철저히 개강일제를 지켰다.

　설립한 지 4년째 접어든 지금도 W 스피치커뮤니케이션 홈페이지는 두 달에 한 번은 리뉴얼이 될 정도로 작게라도 늘 무언가 변화가 있고, 새로운 것을 시도한다. 그래서인지 수강생 만족도는 늘 95% 이상 '매우 만족'을 기록할 정도로 교육생들 스스로 많은 변화를 느끼고 기뻐

했다. 이렇듯 핵심가치 실현을 위한 진정성 있는 마음이 교육 사업에서는 가장 중요하다고 생각한다.

전국으로 강의를 하고 다닐 무렵 사람들로부터 목소리 트레이닝이 블루오션이라는 말을 자주 들었던 것처럼, 일반인을 위한 목소리 트레이닝 교육을 전면으로 내세운 목소리 특화 교육원은 최초였다. 남들이 가지 않은 길이다 보니 우려도 물론 있었지만 다행히 결과는 성공적이었다. 목소리를 바꾸고자 하는 사람들의 내재된 니즈를 이끌어서 시장을 창출한 것이었으니 말이다.

하지만 이러한 빠른 성장 이면에는 너무나 힘든 시간들도 많았다. 온통 교육원에 집중하느라 초창기 2년 동안은 저녁 시간을 자유롭게 보낸 적이 없을 정도로 여유 없는 생활이었지만 그것은 견딜 수 있었다. 사실 내가 가장 힘들었던 것은 조직을 이끄는 리더의 역할이었다. 활동적이기보다 조용하고 수동적인 면이 더 많았고, 주로 프리랜서로 일했기 때문에 조직 안에서의 경험도 부족했던 나였다. 그러나 현실에서는 경영자로서의 리더십이 필요했다. 조직 안에서의 역할과 책임 분담, 구성원 관리, 리더의 자세 등은 그저 책을 통해서 익혀야 했기에 늘 시행착오가 많았다.

처음엔 직원들을 대할 때도 그저 친절하고 좋은 마음으로만 하면 되는 줄 알았다. 그러면 상대방도 내 마음을 알아주리라는 순진무구한 어린아이 같은 마음이었다. 자주 지각을 하는 강사에게 제대로 주의도 주지 못했고, 30대 여자 원장이라 우습게 보였던지 내 마음을 악용하는 사람들도 더러 있었다. 나는 그저 내 '일'에만 프로였지 '사람'에 대한 이해는 전혀 없었던 완전 초짜 사장이었다. 그럴 때마다 너무 속상해 잠 못 이루는 날이 많았고, '정말 내가 잘한 일인가?' 하는 마음마저 들기도 했다.

하지만 크고 작은 시련들을 겪으며 나는 점점 변화되었고 세상에 단련되어갔다. 세상을, 사람을, 그리고 나를 조금씩 더 알아가는 느낌이었고, 내면이 더 성숙해지는 느낌이었다. 그동안 힘들었던 것이 누구의 탓도 아닌 바로 내 탓이었음을 깨달았다. 경영에 서툴렀고, 실질적인 커뮤니케이션 능력이 부족해서 리더십을 발휘하지 못했던 것이다. 그래도 부족하다는 것을 알았으니 채워나갈 수 있다는 긍정의 마음으로 나를 수습해나갔다. 나는 노력을 기울이면 무엇이든 가능하다고 믿는 단순한 사람이기에 계속해서 노력할 것이다. 처음부터 잘하는 사람이 어디 있겠는가. 그래서 내가 목표하는 길 위에 지금은 비록 부족하지만 앞으로는 능력 있으면서도 직원들의 존경과 사랑을 받는 CEO의 모습을 올려놓았다.

꿈이란 게 참 재밌다. 가끔은 사람을 지독하게 절망스럽게 만들기도 하지만, 살아갈 분명한 이유를 만들어주기도 하니 말이다. 또 항상 꿈과 목표에서 눈을 떼지 않다 보면 그 꿈은 시간이 지날수록 변화하고 진화한다는 생각이 든다. 이전의 작은 꿈 하나가 성취되고 나면, 일단은 기쁘고 자랑스럽고 만족스러운 감정을 경험하게 된다. 그런데 거기서 한동안 머무르게 되면 일상이 무료해지고 재미없어진다. 조금 더 높은 차원의 또 다른 꿈이 필요한 시점이다. 그렇게 목표를 갈아치우면서 지금에 이르다 보니, 난 나의 꿈이 앞으로 또 어떤 모습으로 진화하게 될지 무척 궁금하다. 하지만 분명한 사실은 내가 어떤 모습이든 그것은 내가 열렬히 꿈꾸었을 미래라는 것이다.

《 PART II

사람을 오래도록
끄는 매력,
목소리 이미지

목소리,
그 숨겨진 힘에 대하여

:: **가장 원초적인 감각, 청각**

"내 목소리는 언제나 나의 가장 친한 친구였어요. 첫 번째 오디션이 끝난 후에는 내가 특별한 존재라는 것을 깨달았어요." –폴 포츠

똑같은 내용의 말을 들어도 어떤 사람의 말은 멋있고 어떤 사람의 말은 싱겁게 느껴지는 이유는 왜일까? 바로 목소리 때문이다. 사람의 감각기관 가운데 가장 먼저 발달하는 것은 다름 아닌 청각이다. 예비 부모들이 뱃속의 아기에게 사랑스럽게 말을 건네는 모습을 보았을 것이다. 태아의 청각기관은 엄마가 임신 여부를 알아차리기 전부터 생겨나기 시작해 다른 기관보다 먼저 완성되고 반응한다고 한다. 갓 태어난 아기들은 눈으로는 바깥세상을 거의 인지하지 못하지만, 불안해할 때 뱃속에서부터 들어온 엄마의 심장박동 소리와 부모의 목소리를 들려주면 쉽게 안정을 찾는다.

즉 사람의 감각기관 중에서 가장 원초적인 감각은 청각이다. 지금 한 번 초등학교 때 단짝을 떠올려보자. 눈, 코, 입 등의 얼굴 하나하나의 생김새는 잘 기억이 나지 않고 단순히 전체적인 이미지만 머릿속에 그려질 것이다. 하지만 친하게 지낸 친구라면 그 목소리는 오랜 시간이 지나도 귓전에서 울린다고 느껴질 만큼 생생하게 기억이 난다. 그래서일까. 왠지 모르게 오래도록 사람을 끄는 매력을 가진 사람을 보면 대개 목소리가 매력적인 경우가 많다. 소리 이미지가 긴 시간 여운을 남기기 때문이다.

우리의 귀는 상상하는 것 이상으로 사람의 목소리를 들었을 때 그 소리 정보를 예민하게 받아들이고 분석하고, 분류하고, 추측한다. 목소리만 듣고도 '아, 이 사람은 이러이러한 사람이겠구나!'라는 판단이 바로 설 정도다. 단순한 예로, 크고 우렁찬 목소리의 사람을 보면 적극적이고 외향적인 사람일 것이라고 바로 판단을 내려버린다. 반대로 목소리가 작고 안으로 기어들어 가면 내향적이고 소극적인 사람일 것이라고 생각한다. 혹은 말이 빠른 사람을 보면 성격도 무척 급할 것이라고 바로 추측해버린다.

따라서 첫인상으로 합격·불합격이 결정되어버리는 '면접'에서 목소리는 엄청나게 중요해질 수밖에 없다. 짧은 시간 동안 지원자를 최대한 정확히 파악하기 위해서 면접관은 모든 감각을 동원하는데, 이때 목소리는 엄청난 정보를 담고 있는 정보원이기에 귀를 쫑긋 세워 목소리에 집중하게 된다. 그런데 첫 만남, 첫 이미지가 결정되는 순간이 어디 면접뿐이겠는가. 소개팅이나 맞선 자리에서의 만남, 동호회에서의 만남, 회사 내 혹은 거래처 직원들과의 만남 등등 인생은 새로운 만남의 연속이다. 이때 나에 대한 이미지를 다른 사람에게 굉장히 예민하고도 빠르게 전달하는 목소리, 이젠 그 중요성을 알게 된 이상 간과할 수만은 없겠다.

　우리가 살아가는 한평생 누군가와 말을 하면서 살아가고, 이때 말의 매개체가 되는 것이 목소리이기에 청각 이미지에 우리가 관심을 쏟을 만한 이유는 충분하다. 이번 기회에 스스로의 목소리를 객관적으로 들어서 판단해보고, 혹시 나의 목소리가 외적 이미지와 대치가 된다면 이를 일치시켜야만 한다. 제아무리 아름답고 멋진 외모를 가졌다 한들 그에 걸맞지 않은 목소리를 낸다면 당신은 영락없이 "깬다"는 소리는 들을 수밖에 없다. "외모만 봤을 때는 상당히 매력적이라 생각했는데, 목소리를 들으니 영 아닌 것 같아"라는 반응은 너무 슬프지 않은가.

　외적 이미지의 중요성에 가려져서 그동안 사람들의 관심 밖에 있던 목소리. 나는 목소리의 그 숨겨진 힘에 대해 널리 알리고 싶다. 그리고 사람들의 마음을 잡아끄는 매력적인 목소리를 만드는 비법을 살짝 알려주고 싶다. 목소리는 당신의 몸에서 나오는, 감정이 깃든 색깔 있는 음악이다. 당장 꺼버리고 싶은 불협화음이 될지, 눈을 감고 자꾸만 듣고 싶은 감미로운 음악이 될지는 당신에게 달려 있다. 나는 올바른 방향과 방법으로 인도할 뿐이다. 그리 어렵지 않다. 찬찬히 그리고 약간의 인내심을 갖고 연주방법을 익혀보길 바란다. 당신의 변화된 목소리가 어서 듣고 싶다!

:: 여자는 외모만 예쁘면 그만이라고?

"목소리는 제2의 얼굴이다." –G. 보에르

그녀의 목소리를 듣자마자 사람들 눈이 휘둥그레졌다. 외모는 분명 여자인데 목소리는 남자였다. 고민이 있는 사람은 누구든 출연 가능한 KBS 2TV 프로그램 「대국민 토크쇼 안녕하세요」에 출연한 한 여대생의 굵고 걸걸한 목소리는 방송 이후에도 계속 화제를 모았다. TV 속 여대생은 목소리 때문에 남자친구와 헤어졌고, 평상시에 늘 자신을 이상하게 쳐다보는 사람들의 시선을 견뎌야만 했다고 고민을 털어놓았다. 남들은 무슨 큰 병도 아니니 괜찮다며 위로해도 정작 본인은 너무 괴롭고 위축된다고 했다. 청순한 외모와 전혀 어울리지 않는 터프한 목소리에 현장에 있던 출연진과 시청자들은 경악했고 이내 동정의 표를 던졌다. 그리고 각 회당 가장 큰 고민의 출연자를 선발하는 이 프로그램에서 5주 연속 승리라는 신기록을 세웠다.

보이스 컨설팅을 전문으로 하다 보니, 참으로 다양한 목소리 고민을 접하고 그 해결방법을 고심한다. 그중엔 위 사례처럼 여성임에도 남자 같은 허스키한 목소리 때문에 고민하는 이들도 적지 않다. 20대 후반의 직장여성 미영 씨가 나를 찾아왔을 때도 같은 이유 때문이었다. 미영 씨는 소개팅을 아무리 해도 상대 남자에게서 애프터 신청을 못 받아 속상하다고 했다. 그리고 그게 아무래도 예쁘지 않은 목소리 때문인 것 같다고 털어놓았다. 진단해보니 미영 씨는 허스키하면서도 떨리는 음성을 갖고 있었고, 계속 듣다 보면 귀가 피로하게 느껴질 정도였다. 기다릴 것 없이 바로 훈련에 돌입했다. 그리고 약 두 달 후 미영 씨가 흥분된 목소리로 이렇게 외치는 것이 아닌가.

"선생님, 드디어 성공했어요! 글쎄, 이번에 소개팅한 남자가 저보고 목소리가 예쁘대요! 목소리 예쁘다는 말은 태어나서 처음 들어봤어요."

흔히들 '남자들은 여성의 외모만을 본다'고 생각하기 쉽다. 물론 시각적인 자극에 약한 남성의 특성상, 외모에 가장 크게 영향을 받는 것은 사실이다. 여성의 목소리가 예쁘다는 이유만으로 사랑에 빠지진 않을 것이다. 그러나 여성의 목소리가 지나치게 남성스럽다거나 거칠다면, 아쉽게도 사랑에 빠지는 데 걸림돌이 될 수는 있다. 즉 여성스럽지 않은 목소리가 매력을 반감시키는 요인이 되기도 한다. 반면 평범한 외모더라도 예쁘고 단정한 목소리와 말씨를 가졌다면 더욱 사랑스러워 보인다.

지난해 대규모 강연을 마치고 무대에서 내려올 때였다. 한 남학생이 내게 사인을 받으러 와서는 수줍은 듯 이런 말을 건넸던 게 오래도록 기억에 남는다.

"선생님, 강의 잘 들었습니다. 그런데 선생님, 목소리를 들으니까 더 예뻐 보이세요."

예쁘다는 소리를 마다할 여성은 없기에 기분이 무척 좋았고, 게다가 목소리를 들으니 더 예뻐 보인다는 말이 참 새로운 느낌으로 와 닿았다. 여성스러운 목소리와 말씨야말로 사랑스러운 여자가 갖춰야 할 필수 요건이 아닐지 다시 한 번 생각해 보게 된다. 여기에서 사랑스럽다는 것은 비단 이성에게 받는 사랑을 의미하는 것은 아니다. 여성이 봐도 사랑스러운 여성이야말로 참으로 예쁘지 아니한가!

:: 목소리를 들으면 사람이 보인다

"목소리는 명함과 같다." −하인즈

'인사가 만사'라 했던가. 사업을 하다 보니, 좋은 인재를 보는 눈이 무엇보다 중요한 능력이란 생각이 든다. 그래서 한번은 20년 넘게 교육 사업을 크게 하시는 원장님을 만날 기회가 있어 이때다 싶어 여쭈어보았다.

"원장님은 직원을 채용할 때 무엇을 가장 중점적으로 보시나요? 어떤 사람을 뽑는 게 정답일까요?"

보통은 능력, 인성, 성실함 등의 답변이 나올 만도 한데, 원장님께서는 "저는 일단 목소리를 유심히 듣습니다"라는 의외의 답변을 하셨다. "목소리를 들으면 그 사람이 어떤 사람인가가 보입니다. 목소리 높낮이의 변화가 너무 큰 사람은 성격도 변덕스럽고 한곳에서 오래 일을 하지 않지요"라고 하시며 나름의 목소리에 대한 철학을 말씀하시는 것이 아닌가.

순간 머리가 땡했다. 나름 9년째 보이스 컨설팅을 한다는 사람이 내 직원을 뽑을 때는 내가 그토록 강조하던 목소리의 중요성을 간과했다는 생각에 후회가 밀려왔다. 그래서 그 이후로 우리 회사의 면접에는 지원자들은 전혀 눈치채지 못할 '전화면접'이라는 것이 도입되었다. 즉, 1차 서류심사를 통과하고 2차 실무 면접을 하기 전에 실장이 간단한 전화통화를 하는 것이다. 이때 실장은 전화상의 아주 짧은 대화를 통한 느낌을 내게 전달해주었는데, 내가 전달받은 그 느낌과 실제 만났을 때의 느낌은 거의 오차 없이 정확했다. 목소리 톤과 억양, 어투,

발음 등을 들으면 그 사람의 성격, 인성, 기본적인 태도, 매너가 보인다. 목소리를 들으면 사람이 보인다는 것은 절대 과장이 아니다.

비슷한 예로 얼마 전 보이스 컨설팅을 받기 위해 나를 찾아왔던 한 승무원 지망생의 이야기가 기억에 남는다. 최근에 승무원 1차 면접시험을 보았는데, 여덟 명이 쭉 늘어서서 자기소개할 때였다고 한다. 옆에 서 있던 한 지망생의 목소리가 마치 아나운서처럼 명료하고 예뻤는데, 그 목소리를 듣자마자 고개를 푹 숙이고 지루한 표정으로 일관하던 면접관들이 일제히 고개를 들더라는 것이다. 그 모습을 보면서 자신도 사람들의 주목을 확 끌어당기는 맑고 예쁜 목소리를 만들고 싶은 생각이 간절해졌다고 했다.

나의 내면과 가장 닮아 있는 나의 목소리, 누구든 한번 들으면 오래도록 여운이 남아 끌림이 있는 목소리를 만들어보자. 신기하게도 목소리는 내적 이미지와 가장 크게 연관이 있어서 내면이 자신감으로 가득 차 있으면 목소리에서도 그 느낌이 충분히 전달된다. 목소리는 정신과 몸의 에너지가 함께 어우러져서 몸의 기운이 바깥으로 나오는 것이기 때문이다. 또 반대로 훈련을 통해 매력적인 목소리가 될수록 내면의 자신감도 덩달아 부쩍 올라간다. 목소리 트레이닝을 받고 나서 사람들이 한결같이 하는 말이 있다.

"내면에 자신감이 생겼어요! 목소리 트레이닝은 단순히 소리만 바꾸는 게 아닌 것 같아요. 대인관계에서도 회사에서도 왠지 모를 자신감이 생겼어요!"

이렇듯 목소리에는 내면의 이미지를 바꾸는 막강한 파워가 숨겨져 있다.

:: 목소리, 누구나 바꿀 수 있다!

"훈련해서 안 되는 것은 없다." - 마크 트웨인

"그런데 선생님, 목소리는 원래 타고나는 것 아닌가요?"

"정말 제 목소리도 바꿀 수 있을까요?"

내가 목소리 트레이닝 강의를 하면서 가장 많이 듣는 질문들이다. '목소리는 타고나는 것인데 바꿀 수 있나? 선생님 목소리는 원래부터 좋았던 것 아닌가? 진짜 자신의 목소리도 변할 수 있나?'라는 약간 의심 반 기대 반의 질문임을 안다. 그러면 난 확신에 찬 목소리로 "목소리는 올바른 방법으로 꾸준히 훈련만 하면 현재의 목소리보다 훨씬 매력적인 목소리로 만들 수 있습니다. '정말 같은 사람 맞아?'라고 할 정도로 드라마틱한 변화가 있는 사람도 많습니다"라고 얘기한다.

10년 가까이 보이스 컨설팅을 하며 1:1 레슨 혹은 소그룹, 대규모 강연 등을 통해 무수히 많은 사람들의 목소리 고민을 듣고 해결해왔다. 그러다 보니 잠시 몇 마디만 나눠보면 이 사람의 소리가 어느 부분에서 공명해 나오는지, 문제점이 무엇이고 그 해결방안으로는 어떠한 것들이 있는지 바로 알 수가 있다. 사람들의 목소리를 훈련하는 방법은 사실 가장 기본적인 틀만을 두고 본다면 크게 어렵지 않다. 왜냐하면 대부분이 잘못된 호흡, 발성, 발음 습관에 길들어 있는 경우가 많기 때문에 올바른 습관으로 바꿔주는 훈련을 반복하면 된다. 그리고 잘못된 습관에 길들어 있는 것도 어찌 보면 당연하다. 태어나서 지금까지 살아오면서 그 누구도, 그 어느 곳에서도 올바른 목소리 사용법에 대해서 알려준 적이 없다. 우리는 그저 닮고 싶은 누군가의 목소리를 흉

내 내거나 혹은 제멋대로 목소리를 사용해왔을 뿐이다.

　나 역시 목소리가 훈련이 필요한 것인지 전혀 몰랐던 대학생 시절에는 잘못된 발성습관을 갖고 있었다. 보습학원에서 학원 강사로 일하다 목이 완전히 쉬어서 2주 넘게 소리가 아예 나오지 않았던 적도 있었다. 또 13년 전 방송을 막 시작했던 초창기의 목소리를 들어보면 가늘고 높은 톤에 꺾어지는 음성이 종종 튀어나왔다. 그런데 지금은 어떤가. 큰 강의실이 쩌렁쩌렁 울릴 정도의 큰 목소리로 서너 시간을 연속해서 강의해도 목이 절대 쉬는 일은 없으며, 언제 어디서나 안정된 톤의 부드러운 울림을 만들 수 있다. 또 이전에는 목소리가 예쁘다거나 매력적이라는 얘길 별로 들어본 적이 없으나, 요즘은 어떤 자리에서건 내가 입을 떼었다 하면 일제히 내게 이목이 쏠리는 묘한 경험을 하게 된다. 상황에 따라, 대상에 따라 자유자재로 목소리를 낼 수 있게 된 지금, 내 몸에서 만들어지는 목소리 자체가 큰 장점이 되어 난 너무나 행복하다.

　목소리가 바뀌면 인생이 바뀐다는 말은 내 인생 자체를 두고 보아도 과언이 아닌 듯하다. 평범한 여대생이 반복되는 목소리 훈련을 통해 비로소 아나운서가 되었고, 목소리에 계속해서 관심을 두다 보니 보이스 컨설턴트가 되어 현재의 모습에 이르렀다. 그리고 "목소리, 누구나 바꿀 수 있다!"는 희망의 메시지를 널리 전파하는 데 지금도 여념이 없다. 새롭고도 멋진 인생이 펼쳐지기를 꿈꾼다면 우선 목소리부터 다듬어보자. 젊고 멋진 여성들이여, 우아한 목소리로 세상을 유혹해보자. 세상은 용기 있는 당신을 기다리고 있다.

커리어우먼의
프로페셔널 목소리

:: **능력 있는 여성의 프로다운 목소리는?**

"자신의 업적을 남에게 인정받기 위해서는 이를 세상에 내놓는 방법도 사전에 만전을 기하지 않으면 안 된다." – 발타자르 그라시안

　이제부터 일과 사랑, 모두 성공하고픈 욕심 많은 여성들을 위해 능력 있는 커리어우먼으로 인정받는 데 도움이 될 만한 프로페셔널 목소리 훈련법에 대해 이야기하려고 한다. 일하는 여성에게 사회가 원하는 이미지는 어떠한 이미지일까를 우선 생각해보자. 여러 사람이 협력해 일을 해나가고, 능력에 따라 인정받는 사회 분위기로 볼 때, 아마도 상대에게 신뢰감과 호감을 주면서도 일 하나만큼은 똑 부러지게 할 것 같은 능력 있는 이미지가 아닐까 싶다. 그래서 실제로 20~30대 남녀 370명을 대상으로 "여기는 직장입니다. 프레젠테이션을 하는 상황에서 가장 프로다워 보이는 여성 직장인의 목소리에 체크해주세요!"라는 질문

으로 설문조사를 했다. 그랬더니 무려 65%가 발음이 명확하고 똑 부러지는 전형적인 아나운서의 목소리를 꼽았다.

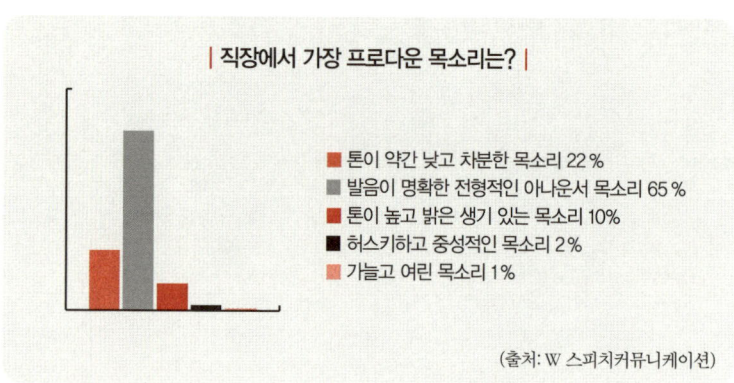

실제로 많은 20~30대 여성들이 나를 찾아와서는 "아나운서처럼 말하고 싶어요. 아나운서 같은 목소리를 갖고 싶어요"라고 종종 이야기한다. 안정적인 목소리 톤과 또렷한 발음, 명료하게 들리는 특유의 억양과 어투를 들으면 신기하게도 사람 자체가 반듯해 보인다. 그래서일까, 아나운서가 무슨 말을 하면 그건 다 사실이고 진실인 것만 같은 느낌이 있다. 유명 남자 연예인들에게 이상형을 꼽아보라고 하면 여성 아나운서는 빠지지 않고 등장한다. 일에서는 엄청난 프로정신을 발휘할 것 같고, 항상 정돈된 느낌이기에 뭔가 베일에 싸인 듯 신비로운 느낌이 드는 것은 바로 아나운서 특유의 단정한 목소리 때문이다.

앞서 목소리는 얼마든지 훈련을 통해 업그레이드될 수 있음을 이야기했다. 아나운서들 역시도 처음부터 타고나기를 멋지고 예쁜 음성을 지닌 사람은 많지 않은 것 같다. 실제로 아나운서가 되고 싶다며 찾아오는 학생들을 보면 원래 목소리가 좋지 않은 경우도 상당히 많다. 그럼에도 아나운서가 되겠다는 일념 하나로 목소리 트레이닝을 반복하다 보면 서서히 다듬어져서 짧게는 4~6개월이면 준 아나운서 수준의 목소리와 말투가 만들어진다. TV를 틀면 나오는 아나운서의 음성을 유심히 들어보자. 신기할 정도로 다들 비슷비슷하지 않은가. 바로 훈련의 결과다.

특히 당신이 공적인 자리에서 스피치를 해야 하는 경우, 예를 들어 회사 내에서 회의나 보고, 프레젠테이션을 할 때 아나운서 목소리를 내게 되면 말의 전달력과 설득력은 상당히 높아진다. 사람들 사이에 묻히는 소리가 아니라, 그저 소리 하나로도 전문적인 느낌을 확실하게 어필할 수 있는 튀지 않으면서도 튀는 목소리로 인식될 수 있다. 이는 업무상 누군가와 대화를 나눌 때도 성숙하고 지적이며 전문적인 느낌을 주기 때문에 외모가 다소 앳돼 보이더라도 전혀 문제가 되지 않는다. 누구도 당신을 무시할 수 없는 아우라 같은 것이 자연스럽게 목소리 하나로도 만들어진다.

나의 전작인 『목소리, 누구나 바꿀 수 있다!』와 『30일 완성 목소리 트레이닝』, 이 두 권의 책에서 집중적으로 다룬 '복식호흡법과 마스크 공명법, 표준발음법'이 프로페셔널 목소리 만들기의 기본내용이다. 자신의 발성기관에서 나올 수 있는 가장 편안하고 안정된 목소리 톤 찾기야말로 중저음의 신뢰감 주는 목소리를 만드는 핵심내용이기에 여기에서 잠시 훈련방법을 쉽게 요약해 싣고자 한다. 그리고 거기에 더해서 전작에 미처 담지 못한 부드럽고도 세련된 억양 훈련법 등을 소개하려 한다.

:: 아나운서의 신뢰감 주는 목소리 따라잡기

"신뢰를 얻는 것은 사랑을 받는 것보다 더 큰 칭찬이다." –G. 맥도널드

① 윤기 있는 목소리를 위한 복식호흡법

아나운서의 신뢰감 주는 목소리를 따라잡기 위해서는 좋은 목소리의 3요소인 '호흡+발성+발음'을 차근차근 훈련해나가면 된다. 이 중 가장 기초적이면서도 중요한 것은 호흡인데, 여기서는 복식호흡을 집중적으로 익혀보겠다. 복식호흡이 되지 않는 상태에서는 절대 좋은 발성을 기대할 수 없으므로, 윤기 있고 깊이 있는 목소리를 원한다면 첫 번째로 복식호흡에 익숙해져야 한다. 복식호흡이란 가슴으로 쉬는 얕은 호흡이 아니라 공기를 아랫배 쪽으로 보내며 깊게 숨을 쉬는 심호흡을 말한다.

우선 다리는 골반 너비로 벌려서 안정감 있게 선 다음 등과 허리, 머리가 일직선이 되도록 하고 가슴을 바르게 편다. 그 상태에서 평소에 하는 것처럼 숨을 크게 들이마셔 보자. 아마도 가슴을 크게 부풀리며 숨을 들이마셨을 것이다. 그리고 숨을 내쉬면 올라갔던 가슴과 어깨는 원위치로 돌아가고 배는 쑥 나왔을 것이다. 이렇게 숨을 마셨을 때 가슴과 어깨가 들썩인다면 이것은 흉식호흡이다. 이는 우리가 평상시에 가슴으로 아주 얕게 하는 호흡인데, 이렇게 흉식으로 말을 하게 되면 가슴과 어깨가 모두 움직이기 때문에 에너지의 소모가 많으며, 특히나 상반신에 들어가는 긴장감이 목으로도 전해져 경직된 소리가 나온다.

이와는 반대로 공기를 더 많이 폐 속에 채워, 깊이 있고 울림 있는 소리가 가능한 복식호흡을 익혀보자. 배로 하는 호흡은 에너지 소모가

적으며, 목 부분에 힘이 들어가지 않고 부드러운 소리가 가능하도록 해준다. 자, 지금 오른손에 장미꽃 한 송이를 들어서 코에 가까이 가져가 냄새를 맡는다고 상상을 해보자. 장미꽃의 달콤하고 향긋한 냄새가 나는 것 같지 않은가. 코로 깊숙이 그 향기를 맡아보자. 이때 가슴 부분을 부풀리지 말고 공기를 마치 아랫배 쪽으로 보낸다는 느낌으로 냄새를 맡으면 자연스럽게 아랫배가 불룩해지면서 공기가 배에 채워진다. 그리고 내쉴 때는 입으로 편안하게 내쉬면, 배는 자연스레 홀쭉해진다. 즉, 배에 공기가 채워지고 나가는 것이 쉽게 느껴질 텐데 이렇게 아랫배의 힘으로 공기의 양과 압력을 조절하는 호흡이 복식호흡이다. 자, 온몸의 근육을 이완한 상태에서 다음의 순서대로 복식호흡을 연습하면서 평상시의 호흡법 자체를 바꿔보도록 하자.

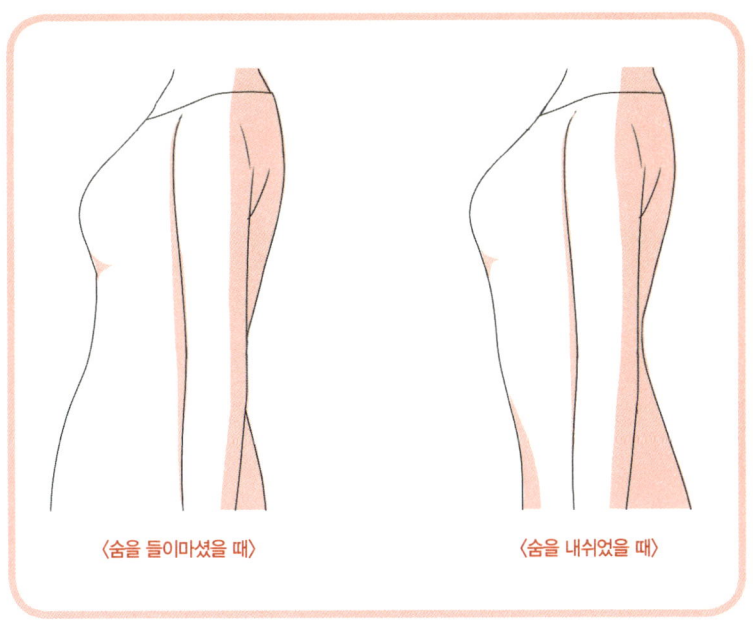

〈숨을 들이마셨을 때〉　〈숨을 내쉬었을 때〉

배꼽에서 5~7cm 아래 지점에 양손을 갖다 대 보자. 이렇게 단전 부근쯤 되는 아랫배를 손으로 감싼 상태에서 배의 움직임을 느껴가며 다음 순서로 호흡연습을 해보자.

- 호흡이 자연스레 들어오고 나가는 미세한 감각을 눈을 감고 느껴본다.
- 4초 들이마시고, 8초간 내쉰다. (5회 반복)
- 4초간 들이마시고, 4초간 호흡을 멈추고, 4초간 내쉰다. (5회 반복, 숨을 멈추었을 때의 아랫배의 긴장감을 잘 느껴보도록 한다. 바로 그러한 가벼운 긴장감이 당신이 말을 할 때 계속해서 느껴야 하는 아랫배의 감각이다.)
- 2초간 들이마시고, 4초간 내쉰다. (10회 반복)
- 빠르게 들이마시고, 내쉰다. (10회 반복)
- 숨을 크게 들이마시고 윗니와 아랫니를 다문 뒤, 이 사이의 가느다란 틈을 이용해서 공기를 밖으로 내보내 보자. 공기가 마치 풍선에서 바람이 빠지듯이 "스~~~"소리를 내며 나가는 것이 느껴질 것이다. 그렇게 내 배를 풍선이라 생각하고 이 사이를 통해 공기가 서서히 빠져나가는 것을 느껴야 한다.

이것이 가장 쉽게 할 수 있는 복식호흡 훈련 방법이다. 이보다 더 어려운 방법으로 훈련할 필요도 없다. 가장 간단한 방법이 내 몸에 완전하게 익게 하는 것, 그것이 우리의 목표이기에 반복, 또 반복해보자.

② 배의 힘을 이용한 발성법

복식호흡으로 숨을 들이마신 후, 볼록해진 배를 안쪽으로 끌어당기면 폐에서 공기가 빠져나오며 성대를 통과한다. 이때 한 쌍의 띠 모양으로 되어 있는 작은 성대가 공기의 압력으로 서로 마찰하고 진동하면서 비로소 소리가 만들어진다. 그런데 불과 1.5~2.0cm의 작은 성대에서 나오는 소리는 매우 연약하다. 바이올린 같은 현악기를 예로 들어보자. 바이올린 줄만 따로 떼어서 진동시키면 이때 만들어지는 소리는 작고 미약하다. 하지만 그 약한 소리가 바이올린 몸체에서 공명하면 크고도 아름다운 음색이 된다. 우리 몸에서 만들어지는 소리도 마찬가지다. 성대 주변의 공간들, 인두강, 비강, 구강, 여러 개의 부비강, 두개골 등이 성대의 진동음과 함께 울리면서 개개인의 고유한 소리 빛깔을 만들어낸다.

그중에서도 우리가 가장 쉽게 소리의 차이를 만들 수 있는 공명기관은 바로 구강이다. 사람들이 말을 할 때 갖고 있는 습관 중에 반드시 개선해야 할 첫 번째가 바로 입을 크게 벌리지 않고 말하는 습관이다. 입을 작게 벌리고, 목 안쪽도 꽉 닫은 채로 말을 하면 성대를 통과한 공기가 풍성하게 울릴 공간이 부족하다. 따라서 딱딱하고 납작한 소리, 작고 답답한 소리가 만들어질 수밖에 없다. 공기가 커다란 공간 안에서 풍성하게 울릴 수 있도록 목 안쪽부터 크게 열어주어야 한다. 목 안을 들여다보면 목구멍 중간에 목젖이 보이는데, 목젖 주변으로 둥글게 내려오는 부분을 '목의 아치'라고 부르겠다. 목의 아치를 마치 하품을 할 때처럼 활짝 열어주며, 연구개(입천장 뒤쪽의 부드러운 근육)는 위로 올라가고 목 안쪽은 크고 둥글게 확장되는 것이 느껴질 것이다.

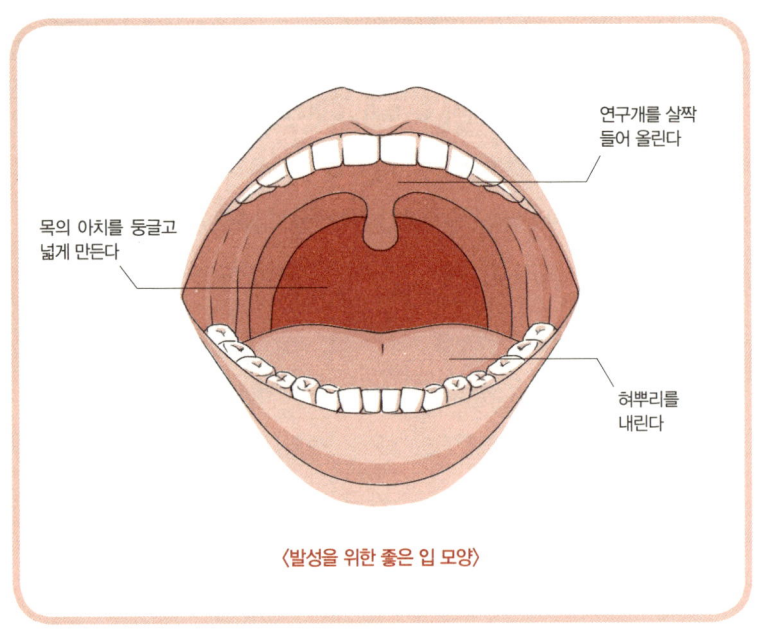

〈발성을 위한 좋은 입 모양〉

위의 그림처럼 입뿐만 아니라 목의 아치를 활짝 열어주는 연습을 자주 해보자. 그런데 이때 목 안쪽에 절대 과도하게 힘을 주면 안 된다. 연구개를 살짝 들어 올려 목구멍을 열어주는 느낌이면 된다. 발성할 때 가장 주의해야 할 점은 목에 힘을 빼는 것이다. 목에 힘을 줄 경우, 목에 있는 성대와 그 주위 근육들이 경직되면서 목 있는 부분에서 공명이 잘 안 되기 때문에 성대에서 생긴 소리가 다른 곳으로 가지 못하고 차단이 된다. 그래서 결국 성대와 그 주위 근육에만 의존하여 소리를 내게 되므로 똑같은 소리를 내더라도 다른 공명을 이용하는 것에 비해서 성대에 몇 배 더 힘이 들게 된다. 이것은 결국 성대를 혹사하게 만들어서 성대에 이상이 생길 수 있는 원인이 된다. 힘을 주어야 할 부분은 오직 '아랫배'임을 명심하자. 그중에서도 배꼽에서 5~7cm 아래

쪽에 힘이 모인다는 것을 잊지 말자.

소리는 내지 말고 "하아~~~" 하면서 하품하듯이 공기가 배에서 빠져나가는 것을 느껴보자.

"하아~~~" 하면서 실제로 하품을 해보자. 그런 다음 "하아~~~" 공기를 내보내면서 소리를 실어보자. 여러 번 반복해보자. 그런데 하품할 때와 같은 '아' 입 모양은 아무래도 양쪽 턱관절에 힘이 조금은 들어가기 때문에 가장 편안한 발성 훈련은 '어' 입 모양을 유지한 채로 발성하는 방법이다. 숨을 들이마시고 배에서 공기가 빠져나가면서 '허~~~' 발성을 해보자. 아래턱은 편안하게 벌어져 느슨한 상태가 되도록 한다. 따뜻한 숨이 입천장을 쓸고 나가면서 "허~어~~~" 하고 공기에 소리를 실어서 자연스러운 소리가 편안히 나가는 것을 느껴본다. "허~어~~~" 하고 길게 마지막 숨이 다할 때까지 하고 나면, 숨은 내가 의도하지 않아도 다시 아랫배로 저절로 들어온다. 자연적인 공기의 흐름에 몸을 맡겨보자.

이번엔 최대한 길게 안정적인 소리로 "허어~~~"를 다섯 번 반복한 뒤, 이어서 '히아~' 발성을 해보자.

허~어~~~~~~ (5회 반복)

히~아~~~~~~ (5회 반복)

목의 아치가 크게 확장된 상태에서 공기가 앞으로 폭포수처럼 쏟아진다는 느낌으로 해야 힘 있고도 부드러운 발성이 된다.

"허. 허. 허. 허. 허" 하고 배가 다섯 차례 들쑥날쑥 움직이도록 반복하면서 '허' 발성을 해본다. 이어서 한 호흡에 한 음절씩, 배의 움직임을 느껴가며 힘 있게 다음 내용으로 발성연습을 해보자.

 01

히. 히. 히. 히. 히
헤. 헤. 헤. 헤. 헤
하. 하. 하. 하. 하
호. 호. 호. 호. 호
후. 후. 후. 후. 후
히. 헤. 하. 호. 후

이번엔 14개 자음에 '이에아오우' 기본모음을 붙여서 한 호흡에 한 음절씩, 스타카토 발성을 해보자.

🎧 02

기. 게. 가. 고. 구
니. 네. 나. 노. 누
디. 데. 다. 도. 두
리. 레. 라. 로. 루
미. 메. 마. 모. 무
비. 베. 바. 보. 부
시. 세. 사. 소. 수
이. 에. 아. 오. 우

지. 제. 자. 조. 주

치. 체. 차. 초. 추

키. 케. 카. 코. 쿠

티. 테. 타. 토. 투

피. 페. 파. 포. 푸

히. 헤. 하. 호. 후

아치 개방의 중요성은 조금 전 설명했다. 아치를 크게 개방한 상태에서 '아, 어, 하, 허'로 시작하는 두세 음절의 짧은 단어에 호흡과 발성을 적용해보자.

 03

아이 아래 아버지 어장 어미 어울림

하루 하마 하모니 허리 허들 허니문

아이가 컵에 든 우유를 마십니다.

아버지는 연기가 나는 담배를 좋아하십니다.

사람들이 바다에서 공놀이를 합니다.

어머니는 열쇠로 문을 여십니다.

겨울에는 따뜻한 봄을 기다립니다.

가방 속에 연필을 열 개 넣었습니다.

파란 하늘에 태극기가 펄럭입니다.

아치를 활짝 개방한 상태에서 복식호흡을 통해 배에서부터 끌어 올린 공기를 구강에서 풍성하게 울려 발성을 하면, 이전과 비교했을 때 소리의 크기뿐만 아니라 음색, 성량, 깊이, 톤, 울림이 훨씬 좋은 소리가 나온다. 크고 우렁찬 목소리를 낼 때뿐만 아니라 작은 목소리를 낼 때도 목의 아치는 언제나 둥글게 연 상태에서 발성한다는 기분으로 말을 해보기 바란다.

③ 부드러운 울림을 위한 인중공명발성법

발성법을 통해 아랫배에서 나오는 힘 있는 소리를 익혔다면, 이젠 소리에 나만의 개성과 색깔을 입힐 차례다. 내가 목소리 트레이닝 강의를 하면서 가장 핵심적으로 강조하는 방법 역시 바로 '공명법'인데, 몸의 어느 부분을 공명하느냐에 따라 음색과 톤은 크게 달라진다. 좋은 소리를 스스로 내기 위해서는 소리가 나올 때의 공기의 흐름과 진동을 민감하게 몸으로 느낄 수 있어야 한다. 그 변화를 느낄 수 있는 간단한 훈련을 해보겠다.

머리와 턱의 위치 변화에 따라서 울림통로의 모양이 자연스럽게 변화하면서 울림점도 앞니, 입, 가슴으로 옮겨가는데, 그러한 떨림에 집중해보기 바란다. 다음 방법대로 고개의 위치를 다르게 하면서 훈련을 해보면 울림점이 달라지는 것을 느낄 수 있을 것이다.

- 고개를 앞으로 숙인 상태에서 히~히~히~ : 앞니와 인중 부분이 진동한다.
- 고개를 바로 세운 상태 허~허~허~ : 입안에서 둥글게 진동한다.
- 고개를 젖힌 상태에서 하~하~하~ : 가슴 전체가 진동한다.

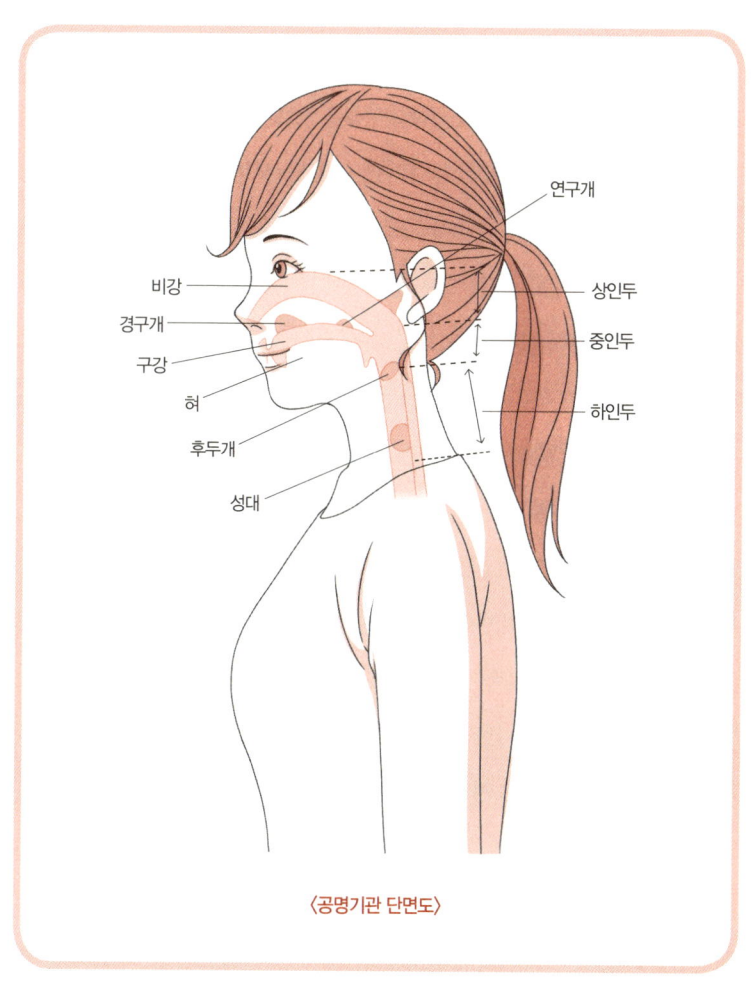

〈공명기관 단면도〉

　어떤가. 공명 발성법을 제대로 익히기 위해서는 내 몸의 감각에 조금은 예민해져야 한다. 소리를 낼 때 어느 부분이 울리는지, 성대 주변의 근육이 이완된 상태인지, 긴장된 상태인지 스스로 몸으로 느낄 수 있어야 혼자서도 목소리 트레이닝이 가능하다. 처음엔 잘 못 느끼더라도 여러 번 시도해보면서 미세한 감각의 차이를 몸으로 기억해보자.

자, 아나운서의 신뢰감을 주는 목소리와 남성의 마음을 사로잡는 여성스러운 목소리, 이 차이를 만드는 것도 바로 공명점(=울림점)의 위치다. 우선 이해를 돕기 위해 공명기관 그림을 보면서 설명을 해보겠다. 앞의 그림에서 보듯이 성대가 있는 쪽은 하인두강, 입이 있는 부분은 중인두강, 그리고 코와 연결된 곳은 상인두강이라 한다. 중음 정도일 때는 입이 있는 중인두강에서 공명이 되어 입을 통해 바깥으로 나오지만 고음일 때는 상인두강에서 공명이 되어 나온다.

신뢰감을 주는 낮고 안정적인 음성을 만들기 위해서는 중인두강 부분을 집중적으로 공명시켜야 한다. 그리고 공기는 목 안쪽의 연구개가 아닌 입 앞쪽의 경구개로 소리를 모아주어야 소리가 맑게 울리며, 입과 코 주변 전체(안면 마스크 전체)에 울림이 풍부하게 실린다. 그리고 마스크 전체가 부드럽게 울리면서도 당신이 가장 집중적으로 울려야 하는 지점은 바로 앞니를 덮고 있는 '인중'이다. 따라서 이 지점을 울리는 공명을 '인중공명'이라 부르겠다.(이전 책에서는 코와 입 주변을 통틀어서 '마스크공명발성'이라 칭했다. 헌데 마스크의 범위가 넓다 보니 핵심적으로 소리가 또렷하게 모여야 하는 '인중'으로 명칭을 정해보았다.)

반면, 이성에게 어필하는 톤이 약간 높은 여성스러운 목소리를 내기 위해서는 상인두강에서 공명된 소리가 비강과 부비강에서 맑게 울리도록 하면 되는데, 이때의 울림점은 눈썹 사이 '미간'이므로, '미간공명'이라 부르겠다.

훈련받지 않은 보통 사람들의 목소리는 중인두와 하인두에서 나온 소리가 연구개에서 발성되는 경우가 많다. 목 안에서 퍼지는 소리, 허스키한 소리, 딱딱한 소리, 아기 같은 소리는 대부분 공기가 목 안쪽,

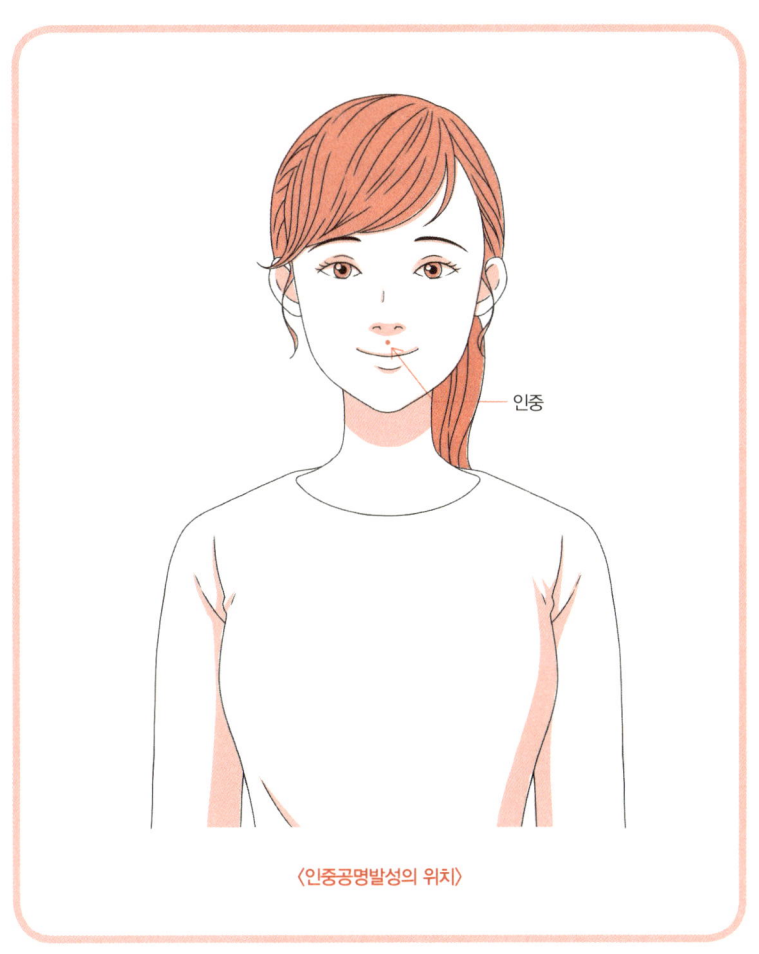

〈인중공명발성의 위치〉

연구개 부분에서 울리면서 만들어진다.

  이와는 반대로 부드럽고 울림이 좋은 목소리를 위해서는 인두강에서 공명한 소리가 경구개를 거쳐 코와 입 주변이 부드럽게 공명해야 한다. 공기는 항상 입안쪽(연구개 혹은 목구멍 쪽)이 아닌 입 앞쪽(경구개 혹은 앞니)에서 울려야 맑고 부드러운 소리가 난다는 사실을 반드시 기억하자.

우리가 신뢰감을 주는 아나운서 목소리를 만들기 위해 여기서 집중적으로 훈련해야 할 사항은 윗입술과 앞니 부분이 부드럽게 울리는 인중공명발성법이다.

인중공명발성은 자신의 발성 구조에서 나올 수 있는 최적의 목소리 톤, 가장 자연스러운 자기 목소리 톤을 찾는 방법으로 매우 간단하다. 입안에 커다란 사탕 하나를 물었다고 상상하면서 입술을 가볍게 다물어보자. 이때 위아래 어금니는 가볍게 뗀 상태가 되고 입안에 공기를 둥글게 머금은 듯한 느낌이 들 것이다. 그리고 복식호흡으로 숨을 들이마시고, 배를 쏙 집어넣으면서 공기를 윗입술 쪽으로 모아 "음~~~" 하고 허밍을 해보자. 목 안쪽에서 공기가 울리는 것이 아니라 공기가 인중 쪽으로 모이면서 부드럽게 진동하며 나오는 소리다. 코와 입 주변을 만졌을 때 손끝으로 부드러운 공명음이 느껴진다면 성공이다. 이때 편안하게 공명하면서 나오는 소리가 자신의 발성구조에서 나올 수 있는 가장 안정되고 최적화된 자기 목소리 톤이다. 자신이 낼 수 있는 편안한 음역대 중에서도 약간은 낮은음이 만들어진다. 뉴스를 진행하는 아나운서의 톤 역시 인중공명으로 소리를 냈을 때 가장 신뢰감이 느껴진다.

자, 이제 이 공명음에서 소리를 발생시켜 보자. 공명을 부드럽게 하다가 공기가 앞니 뒤쪽에서 모여 완만한 포물선을 그리며 뻗어 나간다는 느낌으로 발성했을 때 소리가 굉장히 명료해진다. 울림이 있으면서도 심지가 있는 것처럼 멀리까지 잘 전달되는 또렷한 소리의 비밀이 바로 여기에 있다. "음~~~" 할 때의 톤과 울림을 다음에 이어지는

〈소리가 인중에서부터 포물선을 그리며 뻗어나간다고 상상하기〉

음절에도 똑같이 적용하면서 한 음절씩 길게 늘여 훈련해보기 바란다.

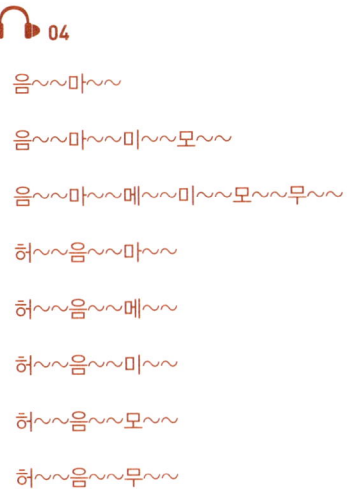

음~~마~~

음~~마~~미~~모~~

음~~마~~메~~미~~모~~무~~

허~~음~~마~~

허~~음~~메~~

허~~음~~미~~

허~~음~~모~~

허~~음~~무~~

엄~~마~~

코와 입 주변의 부드러운 울림, 특히나 윗니와 윗입술의 공명이 충분히 느껴졌으리라 믿는다. 다시 한 번 기억하자. 소리는 어디서 튀어 가는지. 그렇다! 인중 부근, 앞니 뒤쪽이다.

테니스를 할 때 공이 라켓에 정확히 맞을 때처럼 맑게 울리는 듣기 좋은 소리가 나는 지점, 스위트 스팟(sweet spot)이 바로 이 부분이다. "ㄴ~~~나~~~" 발성을 하면 그 느낌이 확연히 드는데, 혀끝을 윗니 뒤쪽에 대고 "ㄴ~~" 하고 발음해보라. 앞니가 심하게 진동하는 것이 느껴질 것이다. 그 진동음이 앞니에서 맑게 튀어 나간다는 느낌으로 "나~~~" 발성을 해보자. 이 지점을 소리의 출발점으로 삼게 되면 당신의 목소리와 에너지가 훨씬 자신감 넘치게 나올 것이다.

 05

ㄴ~~~나~~~

ㄴ~~~나~~~니~~~노~~~

ㄴ~~~나~~~네~~~니~~~노~~~누~~~

아~ㄴ~안~~~ (자기 목소리 톤으로 앞니의 울림을 찾으며)

아~ㄴ~안~~~ (다시 한 번 반복해본다)

안~녕~하~세~요~ (한 음절씩 길게 늘여서 울림을 계속 실어본다)

안녕하세요? (앞서 연습한 톤과 울림을 자연스럽게 말하듯이)

바~ㄴ~안~~~ (자기 목소리 톤으로 앞니의 울림을 찾으며)

바~ㄴ~안~~~ (다시 한 번 반복해본다)

반~갑~습~니~다~ (한 음절씩 길게 늘여서 울림을 계속 실어본다)

반갑습니다 (앞서 연습한 톤과 울림을 자연스럽게 말하듯이)

안녕하세요? 반갑습니다.

④ 전달력 있는 목소리를 위한 표준발음법

지적인 이미지의 기본은 단연 명확한 발음이다. "~~해떠요"(했어요)와 같은 혀 짧은 소리는 20대 초반 남자 선배들의 귀여움을 독차지했을지 모르나 학교 문턱을 나오는 순간부터는 완벽한 마이너스 이미지로 작용한다. 표준발음법의 세세한 규칙에 대해서는 『목소리, 누구나 바꿀 수 있다!』에서 무려 44페이지에 걸쳐 상세히 실어놓았으니 참고하길 바란다. 여기서는 그 내용 중에서 중요한 사항만을 강조하고 넘어가겠다.

[발음을 잘하는 다섯 가지 비결]

1) 혀, 입술, 턱, 얼굴 근육 등 조음기관을 부드럽게 풀어줘야 한다

: 명확하지 못한 발음의 주된 원인은 게으른 조음기관 탓이다. '우리말이니까 대강 발음해도 다 알아듣겠지'라는 안이한 생각이 있다 보니 혀, 입술, 턱, 얼굴 근육 등을 잘 움직이지 않아 굳어 있는 경우가 많다. 조음기관은 평상시에도 부드럽게 풀려 있는 상태여야 하며, 귀찮더라도 부지런히 조음기관을 움직여서 발음해야 한다. 양손을 이용해 얼굴을 부드럽게 마사지해주고, 입술을 '푸르르' 풀어주고, 입안에서 혀를 마구 돌려주고, 턱을 움직이는 등의 적극적인 준비운동이 스피치 전에 반드시 필요하다.

2) 모음에 따른 입 모양을 정확히 알아야 한다

: 국어의 모음은 21개인데, 그중 단모음은 'ㅏ, ㅐ, ㅓ, ㅔ, ㅗ, ㅚ, ㅜ, ㅟ, ㅡ, ㅣ', 이중모음은 'ㅑ, ㅒ, ㅕ, ㅖ, ㅘ, ㅙ, ㅛ, ㅝ, ㅞ, ㅠ, ㅢ'가 있다. 단모음은 처음부터 끝까지 입술 모양이 변하지 않는 모음이고 이중모음은 두 가지 모음이 합쳐졌기 때문에 입 모양이 바뀌는 모음이다. 거울로 자신의 입 모양을 확인하면서 21개 모음 발음을 천천히 소리 내보자. 늘 쓰는 말이지만, 21개 모음의 입 모양을 정확히 알고 있는 사람은 드물 정도로 우리는 우리말에 대해 무관심하다. 명료한 발음의 기본은 모음의 정확한 입 모양임을 기억하자.

3) 자음이 만들어지는 위치, 조음점을 알아야 한다

: 표준어의 자음은 'ㄱ, ㄲ, ㄴ, ㄷ, ㄸ, ㄹ, ㅁ, ㅂ, ㅃ, ㅅ, ㅆ, ㅇ, ㅈ, ㅉ, ㅊ, ㅋ, ㅌ, ㅍ, ㅎ'의 19개다. 각각의 자음이 만들어지는 위치가 다른데, 'ㅁ, ㅂ, ㅃ, ㅍ'는 두 입술이 붙었다 떨어지면서 소리가 난다. 'ㄴ, ㄷ, ㄸ, ㄹ, ㅅ, ㅆ, ㅌ'는 혀끝이 윗니 뒤쪽 혹은 윗잇몸 쪽에 닿으면서 나는 소리다. 'ㅈ, ㅉ, ㅊ'는 혀의 앞부분이 경구개에 닿고, 'ㄱ, ㄲ, ㅋ, ㅇ'는 혀의 뒷부분이 연구개에 닿는다. 마지막은 'ㅎ'는 목구멍 쪽에서 나는 소리다.

4) 특히 받침의 발음을 또렷하게 발음해야 한다

: 발음이 뭉개지는 사람들은 대부분 'ㄴ, ㄷ, ㄹ, ㅁ, ㅂ' 받침의 발음을 제대로 하지 않는 경우가 많다. 조금 전 설명한 조음점을 기억하면서 혀끝과 두 입술을 부지런히 움직이자. 혀는 되도록 바닥에 깔아 입안 공간을 넓게 유지해야 입안에서 혀가 잘 움직이면서 명확한 발음이 만들어진다.

5) 표준 발음법에 대한 기본 상식을 갖춰야 한다

: 평생을 살면서 사용하게 되는 말이다. 1차적으로 말의 전달력을 반드시 갖춰야 '너와 나의 의미 공유', 원활한 소통이 이루어질 수 있다. 더 나아가서는 나의 품격, 지적인 이미지를 강화해주는 것이 정확한 발음이다. 표준발음법은 7장 30항으로 이루어져 있는데 요즘은 포털사이트에서 검색하면 손쉽게 확인할 수 있다. 언뜻 보면 복잡해 보이나 읽다 보면 크게 어렵지 않다. 정확한 발음이 아나운서의 전유물만은 아니므로, 이미지 업그레이드를 원한다면 여러 번 읽고 꼭 습득하길 바란다.

⑤ 둥근 억양 훈련법

목소리 자체의 음색이나 성량, 톤뿐만 아니라 개개인이 가진 독특한 억양에 따라서도 사람의 이미지는 크게 달라 보인다. 특히나 지역 사투리를 쓴다든지, 거칠고 강한 억양 혹은 철부지 아이 같은 억양을 갖고 있다면 지금부터 제시하는 '둥근 억양'을 따라 부드럽게 읽는 훈련을 반복해보자.

다음 문장을 읽고, 끊어 읽을 부분을 표시해보자. 어디서 끊어 읽기를 표시해야 할지 잘 모르겠다면, '어떻게 끊어 읽어야 의미가 가장 잘 전달될까?'를 생각하면 쉽다. 즉, 의미 단위별로 끊어 읽으면 된다.

- 창조적 상상력은 / 어린아이와 같은/ 순진무구한 질문에서 나온다.
- 질문하지 않으면 / 호기심이 죽고 / 호기심이 죽으면 / 창의력이 실종된다.

보는 것처럼 첫 번째 문장은 3개의 의미 덩어리, 두 번째 문장은 4개의 의미 덩어리로 나뉜다. 그리고 중요한 것은 '하나의 의미 덩어리는 한 호흡으로!'의 원칙을 지키면 된다. 숨을 들이마시고 첫음절을 소리 낼 때, 들이마셨던 공기가 포물선을 그리며 터져 나가면서 공기는 위로 솟구치게 되어 있다. 그리고 하나의 의미 덩어리를 소리 내는 동안 솟구쳤던 소리는 부드러운 곡선을 그리며 둥글게 아래로 떨어진다. 이렇게 공기의 둥근 흐름을 따라서 자연스럽게 소리를 내다 보면 둥글고 세련된 억양이 만들어진다. 즉 의미 단위별로 '배가 들어오고 나오고'가 계속 반복되며 둥근 억양이 반복되는 모습이 된다. 이때 간단한 제스처를 곁들이면, 둥근 억양의 느낌이 훨씬 쉽게 살아난다. 아래의 그림처럼 하나의 의미 덩어리를 말할 때마다 손을 인중 부분에 갖다 댔다가 팔을 앞으로 둥글게 뻗치는 제스처를 취해보면서 다시 한 번 읽어보자.

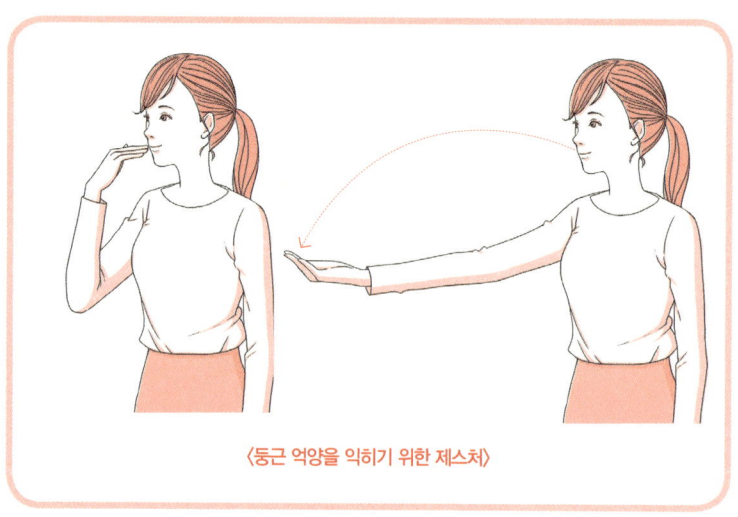

〈둥근 억양을 익히기 위한 제스처〉

06
창조적 상상력은/ 어린아이와 같은/ 순진무구한 질문에서 나온다.
질문하지 않으면/ 호기심이 죽고/ 호기심이 죽으면/ 창의력이 실종된다.

아나운서 지망생들에게 뉴스리딩 훈련을 시킬 때도 둥근 억양 훈련 방법은 탁월한 효과를 보인다. 기성 아나운서를 따라 하는 데만 급급하다 보면 가장 기본적인 것을 무시하고 리딩에도 겉멋만 부리기가 쉬운데 '둥근 억양법'을 기본 바탕에 두고 훈련을 하면 가장 안정적이고 표준화된 억양이 입에 배게 된다. 굳이 아나운서 지망생이 아니더라도 발음이 어렵고 문장이 긴 뉴스문을 가지고 둥근 억양을 따라 낭독 훈련을 하다 보면 호흡과 발성, 발음, 억양 모든 부분에서 소리가 정갈하게 다듬어진다.

 07
정부는/ 올 하반기 경제전망에서/ 부동산 시장이/ 하향 안정세를 유지할 것으로/ 전망했습니다./ 정부는/ 금융규제 등으로/ 주택시장 안정에 대한/ 기대감이 형성되면서/ 매수심리가 위축됐고/ 하반기 공급 물량이/ 예년보다 많아/ 수도권을 중심으로/ 주택시장 하향 안정세는/ 당분간 이어질 것으로 내다봤습니다./ 다만/ 경기회복세와 풍부한 시장유동성,/ 주택보급여건 등을 고려할 때/ 단기간 내 급락 가능성은/ 적을 것으로 보고 있습니다.

한 의미 단위는 한 호흡으로 둥근 억양을 적용해서 읽어보니 어떤가? 제법 아나운서가 낭독하는 뉴스다운 느낌이 들었을 것이다. 물론 방송에서 들리는 진짜 뉴스처럼 되려면 여기에 장단음과 짧은 포즈(쉼), 긴 포즈, 뉴스 특유의 억양 등 조금 더 세부적인 뉴스리딩 스킬이 적용되어야 한다.

그런데 둥근 억양만 프레젠테이션에 적용해도 프로페셔널 느낌이 물씬 풍기는 억양과 어투가 가능해진다. 다음 프레젠테이션 원고의 앞부분을 둥근 억양을 살려서 말해보자.

방 안에서/ 소파에 앉아 음악을 즐기려면/ 리모컨이 필요할 것입니다./ 그래서 우리는/ 리모컨을 만들었습니다./ 하지만/ 애플 스타일로 만들었습니다./ 애플 스타일의 리모컨이란/ 어떤 것일까요?/ 바로/ 이것입니다./ 버튼이 여섯 개뿐이며/ 아주 얇고 멋집니다./ 손에 이렇게 쥘 수도 있습니다./ 하지만/ 리모컨이 있다는 것보다 더 중요한 것은/ 이 리모컨으로/ 무엇을 할 수 있느냐 하는 것입니다. (김경태,『스티브 잡스의 프레젠테이션』, 멘토르, 2006, 95쪽)

이렇게 연습을 지속하다 보면 이전에 본인이 가지고 있었던 특유의 좋지 않은 억양 습관이나 미세한 사투리 억양까지도 훨씬 부드럽고 세련되게 바뀐다. 낭독할 때의 둥근 억양이 자연스럽게 말을 할 때도 적용이 되어 동그랗고도 부드러운 목소리가 나오니, 일단 믿고 훈련해 보길 바란다.

:: 지적인 목소리에 진짜 지성미 갖추기

"휴식 시간을 지적으로 보내는 것은 문명의 최고 산물이다." – 버트런드 러셀

목소리에서는 지적인 이미지가 풍기는데 입에서 나오는 어휘는 고급스럽지 않다면, 신체적으로는 성숙한 20대 여성인데 말하는 수준은 겨우 초등학생, 중학생에 머물러 있다면, 차라리 입을 다물고 있는 게 나을지도 모르겠다. 몸과 마음의 성숙은 함께 진행되어야 나이에 걸맞은 아름다운 사람이 아닐까 생각해본다. 좀 더 고급어휘를 사용하고 싶고, 말을 품위 있게 하고 싶다는 여성들이 많은데, 그들에게 줄 수 있는 조언은 다음과 같다. 진짜 지성을 갖추는 방법, 당신의 두뇌를 꽉꽉 채우는 방법은 다양한 분야의 책을 읽고, 공부하는 방법밖엔 없다. 지적 호기심을 발동시켜 누구도 당신에게서 결코 빼앗을 수 없는 '지식'을 탐했으면 한다.

지적인 목소리 훈련에도 도움이 될 뿐만 아니라, 사회에서 일어나는 여러 가지 현상과 의견을 이해하고 풍부한 어휘를 익히는 데는 '신문 사설 (혹은 칼럼) 소리 내어 읽기' 만한 것이 없다. 지금 한번 신문의 사설 면을 펼쳐보자. 신문의 세로 반 페이지 분량 안에는 오늘의 핫이슈 두세 가지에 대한 논리적인 의견 전개가 있다. 이를 호흡, 발성, 발음, 억양 등을 적용해, 의미 단위별로 호흡을 끊어가며 천천히 읽어보자. 단순히 '소리'로만 읽는 것이 아니라 '의미'로 읽어야 한다. 머릿속으로는 그 의미를 생각하면서, 이해하며 읽어나가야 한다. 소리를 내면서 읽는 것이 중요한 이유는 사설(칼럼)에 나오는 여러 가지 표현과 어휘 등을 '머리'가 아닌 '입'으로 익히기 위해서다. 입으로 익힌 단어만이

생활 속에서 자연스럽게 사용될 수 있기 때문이다.

사설 면을 모두 읽어 내려가는 데는 10분이면 충분하다. 나 같은 경우, 아침 20~30분 집에서 헬스 자전거를 타는 시간에 신문 읽기를 실행하고 있다. 호흡이 가빠지면서 소리 내어 읽기가 어려울 땐 잠시 눈으로만 읽다가, 호흡이 안정되면 다시금 소리 내어 읽는다. 자전거를 타는 자세에서는 아랫배에 힘이 단단하게 들어가 더 크고 안정된 소리가 뻗어 나온다. 매일 꾸준히 하기 어려운 운동과 발성연습을 동시에 실천할 수 있어 일석이조다.

신뢰감을 주는 목소리, 최신 시사와 뉴스, 풍부한 어휘를 한꺼번에 익히고 싶다면 사설(칼럼) 소리 내어 읽기를 당장 실천하라. 지금 당장 시작하고픈 당신을 위해 사설의 일부분을 실어보았다. 보통 하나의 완결된 사설은 3분 이내에 읽을 수 있다. 큰 소리로 읽어보자.

 09

사설 - 청소년 건강 해치는 고카페인 음료 규제해야 (경향신문, 2013. 2. 6)

미국에서 카페인 함량이 지나치게 많은 '고(高)카페인 음료'에 대한 규제 움직임이 본격화하고 있다고 한다. 고카페인 음료를 마시고 응급실을 찾는 청소년 환자가 급증하는가 하면 혼수상태에 빠졌다가 목숨을 잃기까지 하는 등 부작용이 심각하기 때문이다. 미 상원의원 3명은 엊그제 식품의약국(FDA)에 고카페인 음료의 위험성에 대한 조사를 촉구하는 한편, FDA 등록과 성분명 표시를 의무화하는 법안을 발의키로 했다. 여러 지방의회나 지방정부 차원에서도 조례를 개정해 학교에서 고카페인 음료를 못 팔게 하거나 청소년에게 판매를 금지하는 방안을 추진 중이다. 캐나다와 멕시코에서도 고카페인 음료를 규제하기 위한 움직임이 활발하다고 한다.

:: PT를 잘하는 사람의 목소리, 이것이 다르다!

"음성은 전달 내용보다 5배나 영향력이 있다." – 로스

프레젠테이션(PT) 능력이 그 사람의 학업이나 업무 능력으로 평가되고 좌우될 만큼 학교와 회사에서 프레젠테이션의 비중이 상당히 높아졌다. 대기업 면접시험뿐만 아니라 공무원 승진시험까지도 프레젠테이션이 도입된데다, 일반 회사들의 수주경쟁 프레젠테이션을 보면 20~30분 정도의 발표에 수십억에서 수백억이 걸려 있을 정도다. 그러다 보니 프레젠테이션을 잘하고 싶어서 교육원을 찾는 학생과 직장인이 상당히 많은데, 발표에 자신 없다는 사람들을 보면 대부분 목소리에도 문제가 꼭 있다.

앞서 얘기했지만 목소리는 단순한 성대 진동의 차원이 아닌 나의 내면과도 직접적으로 연결되어 있다. 따라서 발표에 자신이 없다고 생각하는 순간, 소리는 입안으로 움츠러들며 작아질 수밖에 없다. 앞서 제시한 복식호흡과 공명발성, 발음법, 둥근 억양법 등을 꾸준히 훈련해서 일단 목소리를 크고 울림 있게, 안정감 있는 톤으로 만드는 법을 익혀야 한다. 그래야 목소리의 자신감으로 내면의 자신감을 끌어올릴 수 있다.

그리고 프레젠테이션은 여러 사람 앞에서 자신이 준비하고 계획한 것들을 설명하고, 제안하고, 설득하는 자리이므로 발표의 시작부터 끝까지 사람들의 이목을 집중시키는 것이 중요하다. 이를 위해 다음의 세 가지 프레젠테이션 목소리 스킬은 반드시 익혀보자.

첫째, 발표의 시작은 무조건 크고 자신감이 넘치는 목소리로 해야

한다. 발표의 처음과 중간, 끝 중에서 언제가 가장 중요한 때라고 생각하는가? 발표자의 이미지와 기대치가 형성되면서 청중으로 하여금 이 발표를 집중해 들을 것인지 아닌지 결정하도록 하는 때가 바로 '시작'이다. 시작이 가장 중요하다. 따라서 이때 청중의 눈과 귀를 확 사로잡을 수 있는 매력적인 목소리로 크고 자신감 넘치게 발표를 시작해야 한다. 긴장된 마음에 목소리가 조금이라도 움츠러들면 마음까지도 위축되기 마련이다. 힘 있는 목소리와 밝은 표정으로 마음을 컨트롤해야 한다. 자, 웃는 표정을 짓고 자신 있는 목소리로 다음을 따라 해보자.

안녕하십니까? 오늘의 발표를 맡은 ○○○입니다.

둘째, 약간 낮은 톤으로 말의 속도는 여유 있게 해야 한다. 프레젠테이션에서 청중에게 심어주어야 할 이미지 키워드는 단연, '신뢰감'이다. 신뢰감을 주는 유능한 프레젠터의 이미지를 연출하려면 약간 낮은 톤으로, 천천히 여유를 갖고 말해야 한다. 우리가 긴장하면 호흡이 가빠지면서 바로 목소리부터 들뜨게 되는데, 들뜬 목소리는 가늘고 높고 여린 소리다. 게다가 호흡 조절이 되지 않으면 당연히 말이 빨라지게 되고, 말이 빨라지면 발음은 꼬이고 뭉개지게 된다. 긴장한 목소리의 악순환이다. 이를 막기 위해서는 항상 복식호흡을 이용해 숨을 충분히 들이마신 상태에서 호흡을 느껴가며 천천히 안정된 톤으로 말하는 연습을 해야 한다.

셋째, 목소리의 강약과 속도, 포즈(쉼) 등의 변화가 생동감이 넘쳐야 한다. 단조롭고 일정한 톤, 일정한 속도, 일정한 크기의 목소리는 청중의 집중력을 떨어뜨린다. 지루하고 졸린 프레젠테이션으로 사람을 설득할 수 있겠는가. 갓 잡아 올린 펄떡이는 물고기처럼 목소리 자체가 통통 튀며 중요한 내용은 귀에 쏙쏙 들어와야 한다. 아주 쉽게 세 가지만 기억하자! ①크고 강하게 ②천천히 또박또박 ③포즈 활용. 내가 강조하고자 하는 부분이나 단어를 크고 강하게, 천천히 또박또박 말하면 된다. 거기다 한 가지만 더 추가하자면 강조하고자 하는 단어 앞에서 잠깐의 포즈를 두면 된다. 나 혼자서만 느낄 정도의 미미한 강조는 소용없다. 누구나 알 수 있을 만큼 확실하게 강조하라.

자, 그럼 프레젠테이션을 잘하기 위한 세 가지 목소리 스킬을 적용해서 다음 내용으로 실전 발표를 해보자. 끊어 읽을 부분과 강조할 부분은 굵게 표시를 해두었으니, 이에 따라서 실제처럼 훈련해보자. 녹음기를 사용하면 더욱 좋겠다.

 10

(실습 1)

안녕하십니까?/ 오늘 발표를 맡은/ 우지은입니다./ 세계적인 축구 스타 베컴과/ 가수 보아의/// **세 가지 공통점**이/ 무엇인지 아십니까?/ 첫째는/ 자신의 분야에서/ **최고의 자리**까지 올랐다는 것이고,/ 둘째는/ 학교를 제대로 다니지 못했다는 것이고,/// **마지막은** 무엇일까요?/// 돈을 많이 번 사람일까요?/// 팬클럽 회원이 / 많은 사람들일까요?/// 오늘 이 자리에서 말씀드리고 싶은 **공통점**은/// 바로/// **지독한 연습벌레**라는 것입니다./ 체격이 왜소했던 베컴이/ **세계 최고의 프리키커**로,/ 보아가/ 아시아를 넘어/ **세계적인 가수**로 도약하게 된 것은/ 바로 남들이 보지 않는 곳에서도/ **지독히 연습했기 때문**입니다./ 이렇듯 성공하기 위해서는/// **노력과 인내**가 필요합니

다. (이현, 『프레젠테이션 불패의 법칙』, 브레인스토어, 2009, 152쪽)

 11

(실습 2)

『마시멜로 이야기』에 나오는 내용입니다./ 어느 더운 여름날/ 개구리 세 마리가/ 좋은 곳으로 이사를 하기 위해/ 나뭇잎을 타고/ 강 아래로 내려갑니다./ 그런데 날씨가 너무 더워/ 개구리 한 마리가/ 강물로 뛰어들겠다고 하고/ 그 옆에 있던 친구도/ 같이 뛰어내리겠다고 했습니다./ 과연/// 이로부터 30분 뒤/// 나뭇잎에는/ **몇 마리의 개구리가** 남아 있을까요?/ 그렇습니다./ 나뭇잎에는/// **세 마리의 개구리가///** 모두 남아 있습니다./ 왜냐하면/ 생각하는 것과/ 행동하는 것은/// **다르기 때문**입니다./ 사실 이 이야기를 사례로 든 것은/// 지금/// 귀사의 모습과/ **많이 닮아 있기 때문**입니다./ 귀사의 마케팅 전략은/ 지금 많은 생각을 하고 있으나/// **실천에 옮기지 못하고 있는 점이/// 가장 큰 문제점**이라고/ 할 수 있습니다. (『프레젠테이션 불패의 법칙』, 146쪽)

일상 속, 여성들이 가장 갖고 싶어 하는 목소리 1위
차분하고 감성적인 목소리

　일에서 인정받을 수 있는 프로페셔널 목소리가 멋지다고 해서, 일상생활에서도 그러한 목소리로 대화를 나눈다면 어떨까? 너무 딱딱하고 사무적으로 보일 것이다. 사람들로부터 "선생님은 평상시에도 항상 지금과 같은 목소리로 말씀하세요?"라는 질문을 종종 받는데, 솔직한 내 답은 "아니오"다. 난 상황에 따라, 누구를 만났느냐에 따라 다른 목소리를 낸다. 기본적 호흡, 발성, 발음의 원칙은 고수하되, 억양이나 어투, 공명의 정도, 말에 감성을 싣는 정도가 다르다.

　그렇다면, 20~30대 여성들은 일상생활 속에서 어떤 목소리를 가지고 싶어 할까? 설문조사 결과가 흥미롭다. 전형적인 아나운서 목소리와 톤이 높고 밝은 생기 있는 목소리가 각각 28%, 26%로 비슷한 수치를 보였고, 톤이 약간 낮고 차분한 목소리가 33%로 여성들이 가장 갖고 싶은 목소리로 나타났다. 대표적인 연예인을 꼽으라면, 수애 · 김미

숙·유선·오미희 등이 있다.

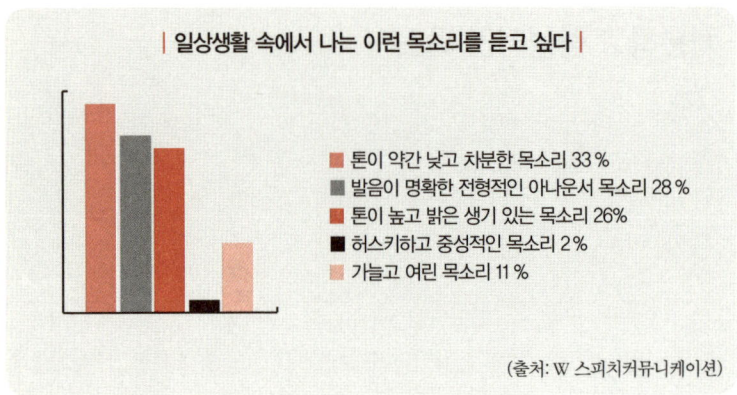

그렇다면 차분하고 분위기 있는 목소리는 어떻게 만들 수 있을까? 핵심은 '부드러운 울림과 감성'에 있다. 복식호흡은 기본적으로 하면서, 안정적인 톤과 울림을 찾기 위한 마스크 공명을 집중적으로 하면 된다. 명료한 아나운서 목소리를 만들 때는 인중공명발성으로 소리를 인중 쪽으로 모으는 훈련을 했다. 인중공명은 마스크공명보다 상대적으로 훨씬 또렷하고 힘 있는 느낌이 있다.

코와 입 주변 마스크 전체가 부드럽게 울린다는 느낌으로 다음 발성 연습을 해보자.

 12

(실습 1)

하~암~ㅁ~마~메~미~모~무~

하~암~ㅁ~맘~맘~맘~맘~맘~

하~암~ㅁ~멤~멤~멤~멤~멤~멤~

하~암~ㅁ~밈~밈~밈~밈~밈~밈~

하~암~ㅁ~몸~몸~몸~몸~몸~몸~

하~암~ㅁ~뭄~뭄~뭄~뭄~뭄~뭄~

하~암~ㅁ~맘~멤~밈~몸~뭄~

마스크공명발성으로 톤이 약간 낮고 부드러운 음색이 만들어졌을 것이다. 거기에 차분하고 우아한 분위기를 실어주려면 '풍부한 감성'을 이입하면 된다. 그리고 이를 훈련하기 가장 좋은 방법은 '시 낭송'이다. 어릴 적부터 즐기던 시 낭송을 난 지금도 가끔 스튜디오를 찾아 취미로 녹음작업을 한다. 그리고 그것을 온라인상에 올려 수많은 사람들과 나눈다. 감성이 풍부하게 실린 나의 목소리가 사람들의 마음에 촉촉한 감동을 준다는 사실이 한없이 기쁘다.

자, 이젠 당신의 목소리로 사람들의 마음에 울림을 줄 차례다. 내용을 깊이 생각하면서 소리가 아닌 마음으로 다음 내용을 낭송해보자. 잔잔한 배경음악이 더해진다면 감성은 더욱 증폭될 것이다.

 13

(실습 2) 김영랑 시인의 「돌담에 속삭이는 햇발」 낭송

돌담에 속삭이는 햇발같이

풀 아래 웃음짓는 샘물같이

내 마음 고요히 고운 봄 길 위에

오늘 하루 하늘을 우러르고 싶다.

새악시 볼에 떠 오는 부끄럼같이
시의 가슴에 살포시 젖는 물결같이
보드레한 에메랄드 얇게 흐르는
실비단 하늘을 바라보고 싶다.

 14
(실습 3) 한용운 시인의 「나 그렇게 당신을 사랑합니다」 낭송

사랑하는 사람 앞에서는
사랑한다는 말을 안 합니다.
아니하는 것이 아니라
못하는 것이 사랑의 진실입니다.

잊어버려야 하겠다는 말은
잊을 수 없다는 말입니다.
정말 잊고 싶을 때는 말이 없습니다.

헤어질 때 돌아보지 않는 것은
너무 헤어지기 싫기 때문입니다.

그것은 헤어지는 것이 아니라

같이 있다는 말입니다.

사랑하는 사람 앞에서 웃는 것은

그만큼 행복하다는 말입니다.

떠날 때 울면 잊지 못하는 증거요.

뛰다가 가로등에 기대어 울면

오로지 당신만을 사랑한다는 증거입니다.

잠시라도 같이 있음을 기뻐하고

애처롭기까지 만한 사랑을 할 수 있음에 감사하고

주기만 하는 사랑이라 지치지 말고

더 많이 줄 수 없음을 아파하고

남과 함께 즐거워한다고 질투하지 않고

그의 기쁨이라 여겨 함께 기뻐할 줄 알고

깨끗한 사랑으로 오래 기억할 수 있는

나 당신을 그렇게 사랑합니다.

"나 그렇게 당신을 사랑합니다…"

사랑스러운 여성의
매력적인 목소리

:: **남성을 설레게 하는 여성의 목소리**
"사람은 매력적이거나 아니면 지루하다." - 오스카 와일드

젊은 여성에게 절대 빼놓을 수 없는 화두는 단연 '사랑'이다. 과연 남성들은 여성의 어떤 목소리에 이성적인 끌림을 느끼는지 궁금했다. 그래서 20~30대 남성들을 대상으로 "나의 연인이나 배우자, 이런 목소리였으면 좋겠다!"라는 질문으로 설문조사를 해봤더니, 다음과 같은 재미있는 결과가 나왔다. 많은 남성들이 업무상의 프로페셔널 목소리로는 아나운서같이 똑 부러지는 음성이 좋다고 대답한 반면, 나의 연인이나 배우자의 목소리로는 톤이 높고 밝은, 생기 있는 음성을 원했다. 우리가 흔히 여성스러운 목소리 하면 생각나는 그런 목소리에 남성들은 끌리고 있었다.

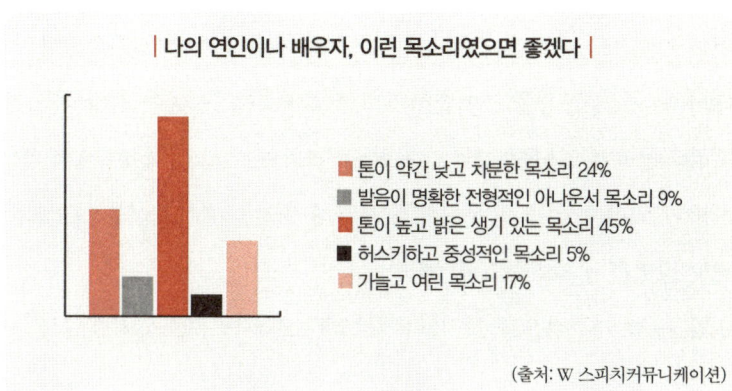

(출처: W 스피치커뮤니케이션)

『목소리, 누구나 바꿀 수 있다!』와 『30일 완성 목소리 트레이닝』을 쓸 때까지만 해도, 나는 발성기관에서 낼 수 있는 가장 편안하고 안정된 목소리를 찾는 마스크공명발성에만 집중했었다. 오랫동안 말을 해도 목이 아프지 않고 성대를 건강하게 유지할 수 있는 목소리 톤을 찾는 것이 가장 중요하다고 생각했다. 물론 안정되고 깊이 있는 중저음의 목소리를 만드는 데는 이 방법이 탁월한 효과를 보였다. 하지만 높은 톤의 목소리 내기를 원하는 여성들, 예를 들어 승무원과 같은 서비스 직종에 종사하는 여성들을 위해서는 어떤 보이스 트레이닝을 해야 할지 고민이 되기 시작했다.

"선생님, 저는 목소리 톤이 너무 낮고 굵어서 정말 고민이에요. 저도 남들처럼 여성스러운 목소리를 갖고 싶어요."

"저는 스튜어디스가 되는 게 꿈인데요, 저처럼 낮은 목소리로는 좀 힘들지 않을까요?"

기본적으로 사람마다 성대의 크기와 길이, 모양이 모두 다르기 때문에 사람마다 낼 수 있는 안정된 음역대는 따로 있다. 그 음역대에서 벗어나지 않으면서 편안하고도 맑은 목소리를 내는 방법이 필요했다. 성대와 목 주변 근육을 조이면서 억지스럽게 나오는 높은 목소리가 아니라(사실 이렇게 소리를 내면 소위 '삑사리'라고 하는 꺾이는 음성이 종종 만들어진다), 약간 높은 톤에 부드럽고도 맑게 울리는 여성스러운 목소리를 내는 방법을 구체화하고 싶었다.

자, 그럼 기본적으로 두 가지 목소리(프로페셔널 목소리, 사랑스러운 목소리)를 자유자재로 낼 수 있다면 가장 좋지 않을까. 실제로 나는 몸의 공명과 근육을 조절해서 상황에 따라 다양한 목소리를 낼 수 있다. 앞에서 다룬 복식호흡과 인중공명발성이 기본이 된 상태에서 미간공명법과 물결 억양법 등의 훈련을 더하면 된다. 처음엔 좀 감이 오지 않을 수도 있으나, 몇 번 실행해보면 크게 어렵지 않다.

'일과 사랑'에 모두 성공하고픈 욕심 많은 20~30대! 일로써 확실하게 인정받을 수 있는 커리어우먼의 프로페셔널 목소리를 앞서 훈련했다면, 이번에는 여성성을 부각할 수 있는 사랑스럽고 예쁜 목소리를 만들어보자. 이번 책에서 그 자세한 내용을 처음으로 밝히게 되어 무척 기쁘다.

:: 여성스러운 목소리의 비밀, 미간공명

"결국 사소한 것이 커다란 차이를 만들어낸다." – 디오도어 루빈

설문조사를 하면서 톤이 높고 생기 있는 목소리를 가진 연예인의 예로 한예슬·윤세아·윤아·소이현 등을 들었다. 목소리만 떠올려도 여

성만이 표현할 수 있는 밝고 상큼한 이미지가 전해지는 듯하다. 그렇다면 그러한 여성스러운 목소리의 비밀은 어디에 있을까? 그 질문의 답을 찾기 위해 다양한 연구를 해본 결과 비밀은 '미간공명'에 있었다.

공명에 대한 이해를 돕기 위해 조금 자세히 설명하자면 이렇다. 목 위쪽 두상 전체의 공명을 두부공명이라 하는데, 두부공명도 크게 두 부분으로 나눌 수 있다. 목 부분과 머리 부분이 겹쳐지는 상인두강과 얼굴 쪽의 비강·부비강(두개골 속에 있는 여러 구멍으로, 부비강 안에는 공기가 들어 있다)으로 나누어진다. 아래 그림에서 보듯이 부비강에는 전두동, 사골동, 상악동 등이 있으며 각각 한 쌍을 이루어서 두개골의 좌우에 대칭적으로 배치되어 있다. 콧구멍부터 시작해 코안의 공간을 비강

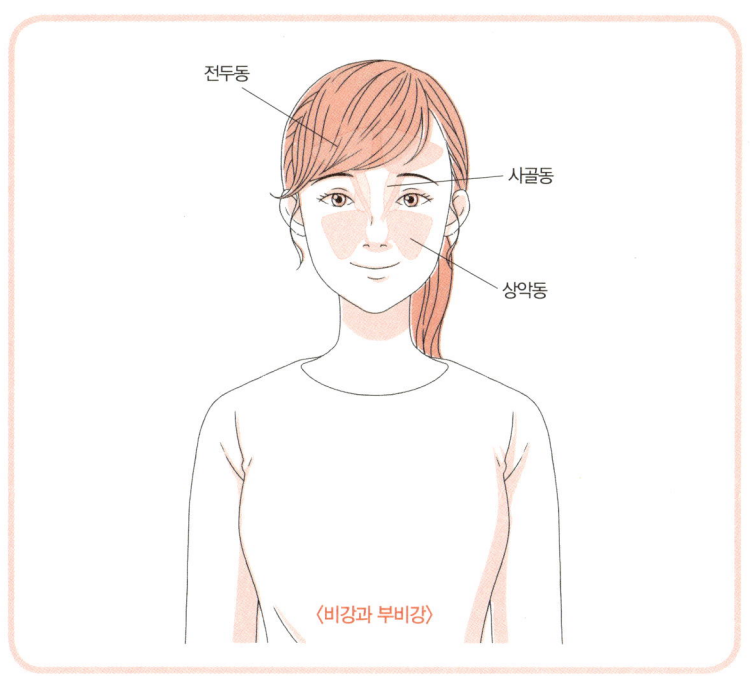

〈비강과 부비강〉

이라고 하고, 두개골 안에 있는 여러 개의 부비강은 모두 비강과 연결되어 있다.

이곳 중 어느 부분을 주로 공명하느냐에 따라 음색과 톤이 달라진다. 소리는 공명하는 부분이 머리 쪽으로 올라갈수록 가늘어지고, 아래로 내려갈수록 굵어진다는 사실을 기억하자. 이렇게 원리를 알고 소리를 내면 발성훈련이 더욱 재미있어지며, 자신의 매력적인 소리를 찾는 데 도움이 된다. 앞서 중저음의 안정된 목소리를 만들고자 할 때 공명의 위치는 '인중'이었다. 그러나 그보다 좀 더 맑게 울리는 높은 톤의 목소리를 만들고자 할 때 공명의 위치는 그보다 높은 곳에 있는 '미간' 부근이다. 정확히 말하면 코끝에서부터 시작해 눈썹 사이, 미간이 있는 곳까지 전체적으로 맑게 공명을 한다.

인중에서 "미이~미이~미이~미이~"로 시작해서 손가락을 콧잔등에서 눈썹 쪽으로 끌어올리면서 "메이~메이~메이~메이~" 하고 소리를 길게 내보자. 미간에서 소리가 울려서 튀어 나간다는 느낌을 가져보자. 이때 거울을 이용하면 더욱 쉽게 공명점을 익힐 수가 있다. 거울을 보면서 거울에 비친 얼굴에서 미간을 주시해보자. 그곳에서 소리가 나온다는 생각을 하면서 소리를 내면 자연스레 그 주변이 공명하게 된다. 스스로에게 계속 암시를 주면 모든 신경이 미간 쪽으로 향하면서 공명을 할 수 있는 최상의 조건이 만들어지는 것이다.

이번엔 소리를 좀 더 높여서 "마이~마이~마이~마이~"를 발성해보자. 소리가 머리에서 울리는 느낌이 강하게 날 것이다. 즉 미간공명보다 더 높은 톤이 두성의 울림을 통해 만들어진다. 이처럼 어느 지점의 공명을 이용하느냐에 따라서 목소리의 톤과 밝기, 음색이 크게 차이가 난다. 노래를 부르면서 고음을 처리하는 경우가 아니라면 사실 평상시에 두성발성은 쓸 일이 별로 없다.

다음 실습 내용을 '인중공명 – 미간공명 – 두성공명' 순으로 공명점을 높이며 발성연습을 해보자. 손가락을 인중에 대었다가 미간으로 옮기고 이어서 정수리 쪽에 대면서 울림을 느껴보는 것이다. 여기서 여성스러운 목소리를 위해 집중적으로 익혀야 할 것은 미간공명이다. 거울 앞에 서서 당신의 미간을 주시하며 배에서부터 끌어 올린 공기가 비강과 부비강을 부드럽게 울려 미간에서 튀어 나가는 느낌으로 미간공명을 익숙해질 때까지 연습해보자.

 15

(인중공명)	(미간공명)	(두성공명)
미이~미이~미이~	메이~메이~메이~	마이~마이~마이~
(3회 반복)		
니이~니이~니이~	네이~네이~네이~	나이~나이~나이~
(3회 반복)		
비이~비이~비이~	베이~베이~베이~	바이~바이~바이~
(3회 반복)		
리이~리이~리이~	레이~레이~레이~	라이~라이~라이~
(3회 반복)		

:: 다양한 소리를 내는 무지개 발성

"화술은 단순한 언어 유희나 심리적 마술이 아니라 상대와의 조화를 실현하기 위한 자기 표현의 기술이며 연출이다." —홍서여

이번엔 멀리 있는 누군가를 부르고 싶다는 마음의 충동을 가지고 '무지개 발성'을 연습해보도록 하자. 공기가 몸을 빠져나가면서 가슴, 목구멍, 연구개, 입천장, 치아 등 가능한 한 모든 공간을 울리도록 하겠다는 목표를 가져야 한다. 먼저 인중공명발성을 이용해 누군가를 "헤이~"하며 불러보자. 앞니 뒤쪽, 공명점에서의 울림이 멀리 밖으로 뻗어 나가야 한다. 내 입에서 나간 소리가 둥글게 무지개를 그린다는 상상을 하며, 여러 가지 울림소리들이 마치 무지개처럼 여러 빛깔을 낸다고 생각하면서 소리를 내보자. 소리가 더욱 또렷하고도 풍성하게 나

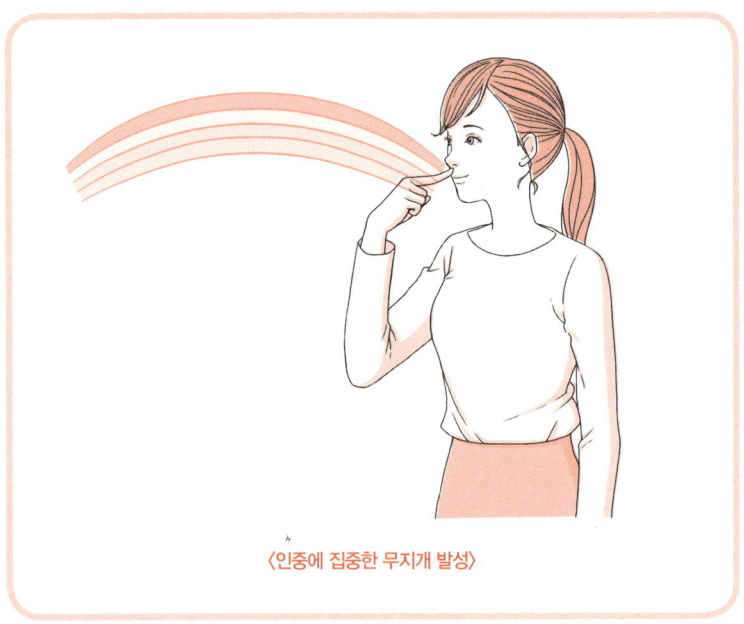

〈인중에 집중한 무지개 발성〉

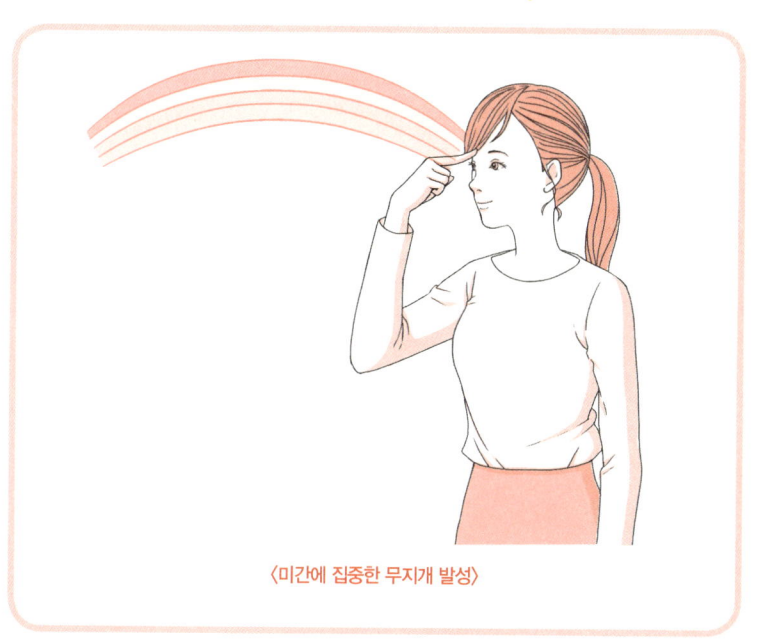

〈미간에 집중한 무지개 발성〉

가는 것이 들릴 것이다.

 16

헤이~헤이~헤이~헤이~헤이~ (인중발성으로, 무지개가 뻗어 나가듯)
헤이~헤이~헤이~헤이~헤이~ (미간발성으로, 무지개가 뻗어 나가듯)

　나의 인중과 미간에서 뿜어내는 아름다운 일곱 빛깔 무지개가 상대에게 가 닿는다는 느낌으로 다양한 톤, 다양한 울림으로 발성을 해보자. 더욱 다채로운 색깔의 나만의 개성 있는 소리가 만들어질 것이다.
　이번엔 무지개 발성을 성량 조절 훈련에 적용해보자. 내가 부르고자 하는 사람이 어디에 있는지 상상하기에 따라서 자연스럽게 성량의 크기가 조절된다.

 17

내가 부르고자 하는 사람이 **바로 옆에 있다.**	"헤이~"
내가 부르고자 하는 사람이 **문 앞에 있다.**	"헤이~~"
내가 부르고자 하는 사람이 **복도에 있다.**	"헤이~~~"
내가 부르고자 하는 사람이 **길 건너편에 있다.**	"헤이~~~~"

가까이에 있는 사람을 부를 때는 옆 사람만 들릴 정도의 작은 소리여도 괜찮다. 소리를 내는 데 필요한 공기도 아주 조금만 필요하고, 따라서 아랫배에 살짝만 힘을 주면 된다. 그런데 점점 멀리 있는 사람을 부를수록 더 많은 공기와 더 많은 힘이 필요하다. 이렇듯 들이마시는 공기의 양과 배에 가하는 힘의 크기에 따라 성량을 자유자재로 조절할 수 있다. 또한 이때 공명점의 위치를 어디로 정하느냐에 따라 소리의 톤과 음색이 달라지므로 다양한 소리 색깔을 내보자. 가장 마음에 드는 당신만의 아름다운 음색을 찾아보길 바란다.

:: 물결 억양을 이용한 밝은 느낌의 스피치

"강한 음악적 요소가 말의 언어 안에 있다."-비트겐슈타인

예전에 리포터로 활동하던 시절, 나는 아나운서의 무게감 있는 이미지를 벗어던지기 위해 무조건 목소리 톤을 높이려고만 애썼다. 그 결

과 툭하면 목소리가 꺾이고, 조금만 말을 많이 해도 목이 지쳤다. 그 당시만 해도 올바른 발성법을 잘 몰랐던 것이다. 대부분의 여성들은 높은 목소리를 낼 때, 연구개(여린입천장) 부분에 힘을 주면서 목 안쪽과 비강에서 소리가 울리게끔 한다. 얼핏 들으면 통통 튀는 여성스러운 목소리 같지만, 가만히 들어 보면 울림이 적어 소리가 딱딱하고, 비강에서 막힌 채 나오는 답답한 음성인 경우가 많다. 반드시 복식호흡을 하면서 배에서 끌어 올린 소리가 비강과 부비강을 울려서 미간에서 맑게 뻗어 나가는 느낌으로 발성을 해야 한다.

그리고 톤이 높고 맑은 여성스러운 목소리에 가장 잘 어울리는 억양은 '물결 억양'이다. 끝을 살짝 부드럽게 올려주는 억양을 물결 억양이라 이름 붙여 보았다. 친절하고 사근사근한 여성의 매력이 한껏 드러나는 목소리의 비밀, 다름 아닌 물결 억양에 있다. 한 호흡에 한 의미 덩어리라는 둥근 억양의 기본 틀은 그대로 가져가되, 둥근 억양의 끝 부분을 마치 작은 물결이 출렁이듯 살짝 음을 높여서 소리 내는 것이다.

🎧 18

- "안녕하십니까?"를 둥근 억양으로 한다면, "안녕하십니까?": 마치 뉴스나 프레젠테이션 시 듣는 정중하고 진지한 느낌의 목소리가 납니다. (프로페셔널 목소리 억양)
- "안녕하십니까?"를 물결 억양으로 한다면, "안녕하십니까?": 서비스를 받을 때나 전화 상담 시 듣는 상냥하고 친절한 느낌의 목소리가 납니다. (여성스러운 목소리 억양)

이처럼 같은 톤으로 말을 시작해도 어미를 어떤 억양과 톤으로 하느냐에 따라 전혀 다른 느낌이 된다. 그러므로 상황에 따라 그에 맞는 억양을 사용하는 센스를 발휘해야겠다. 여성스럽고 부드러운 목소리를 낼 수 있는 미간공명발성과 물결 억양을 확실히 익힐 수 있는 스피치 원고 네 가지를 준비해보았다. 승무원의 친절한 기내방송 멘트와 발랄한 현장 리포팅 멘트, 상큼한 기상캐스터 멘트, 그리고 부드러운 전화상담원의 멘트다. 스스로 억양 표시를 해가며 연습해보자.

그리고 이때 반드시 입꼬리를 올려, 웃는 표정을 유지하며 말해야 한다. '목소리와 표정은 한 세트'라서 무뚝뚝한 표정에서 절대 밝은 느낌의 목소리가 나올 수 없다. 이론상으로도 웃는 표정을 지으면 볼 근육이 당겨지면서 공명할 수 있는 입안 공간이 더욱 커지게 된다. 따라서 훨씬 풍부하고 맑은소리가 자연스레 만들어지는 것이다. '웃는 표정과 미간공명 그리고 물결 억양' 세 가지를 다음 원고에 적용해보자. 말하는 상황을 떠올리면 자연스럽게 그에 맞는 톤과 억양이 나올 것이다. 여성성이 극대화된 당신의 아름다운 목소리, 기대되지 않는가!

 19

(실습 1) 승무원 기내방송 멘트

손님 여러분,

이 비행기는 '제주국제공항'까지 가는 A항공 101편입니다.

가지고 계신 탑승권을 다시 한 번 확인해주시기 바랍니다.

아울러 항공법규에 따라 손가방을 비롯한 모든 짐은 앞좌석 밑이나

머리 위 선반 속에 보관해주시고,

비상구열 좌석에 앉으신 손님께서는

모든 소지품을 선반 속에 보관해주시기 바랍니다.

또한 짐을 넣으실 때는 선반 속의 물건이 떨어지지 않도록 주의해주십시오.

고맙습니다.

 20

(실습 2) 현장 리포팅 멘트

안녕하세요? 현장 투데이 우지은입니다.

오늘은 행복을 꿈꾸는 집, 아주 특별한 박람회 현장을 찾았습니다.

바로 경향 하우징 브랜드 페어인데요.

그린 웨이브, 건강한 미래로 나아가는 녹색 물결을 주제로

국내의 다양한 건축자재들이 전시 중인 경향 하우징 페어의 구석구석을

지금 저와 함께 살펴보시죠!!

 21

(실습 3) 기상캐스터 방송 멘트

이번 주말에는 추위가 누그러지겠습니다.

내일 서울의 아침 기온 영하 3도로 오늘보다 6도 정도 높겠고, 낮 기온은 영상으로

오르겠습니다. 내일은 새벽부터 낮 사이 중부지방에 약하게 빗방울 떨어지거나,

눈이 날리는 곳이 있겠는데요, 양은 매우 적을 것으로 예상됩니다.

오늘 대체로 맑은 날씨였습니다. 내일 우리나라는 서쪽에서 다가오는 고기압의 가장

자리에 들겠는데요, 중부지방에는 오전에 약하게 눈이나 비가 오는 곳이 있겠고,

남부지방에는 가끔 구름 많겠습니다.

내일 아침 기온 오늘보다 5도 정도 크게 오르겠습니다.

한낮에는 서울 4도, 광주 6도, 부산이 9도까지 오르겠습니다.

바다의 물결은 동해 먼 바다에서 최고 2.5미터로 다소 높게 일겠습니다.

다음 주 월요일에는 전국에 눈이나 비 예보가 있습니다.

기상정보였습니다.

 22

(실습 4) 전화상담 멘트

안녕하십니까? 상담원 우지은입니다.

이민정 고객님과 통화할 수 있을까요?

고객님께 도움이 될 만한 보험정보를 드리고자 전화 드렸는데요,

지금 잠시 통화 괜찮으신가요?

네, 고맙습니다. 언제든지 제 말과 설명이 빠르다 싶으면 말씀해주세요.

……지금까지 말씀드린 사항 모두 이해하셨죠?

네, 궁금하신 사항이나 불만사항은 전화 123-4567로 문의하시고,

분쟁이 있는 경우 금융감독원의 도움을 요청하실 수 있습니다.

저는 상담원 우지은이며, 좋은 상품에 가입해주셔서 감사드립니다.

당신의 목소리
고민 해결법

:: **비호감 목소리, 이렇게 개선할 수 있다!**
"지혜는 의견에서 드러나고 교양은 말투에서 드러난다." -『구약성서』중에서

사람마다 목소리 색깔이 다르듯 갖고 있는 목소리 고민도 실로 다양하다. 대표적인 여성의 목소리 고민 여섯 가지를 뽑아서 실제로 사람들은 어떤 목소리를 좋아하지 않는지, 비호감 목소리에 대한 설문조사를 해보았다.

성별에 따라 약간의 차이가 있었는데, 남성은 퉁명스러운 목소리를, 여성은 아이 같이 앵앵거리는 목소리를 가장 싫어했다. 그렇다면 이러한 목소리 고민을 해결할 수 있는 구체적 방안에는 무엇이 있을까? 항목별로 하나씩 살펴보자.

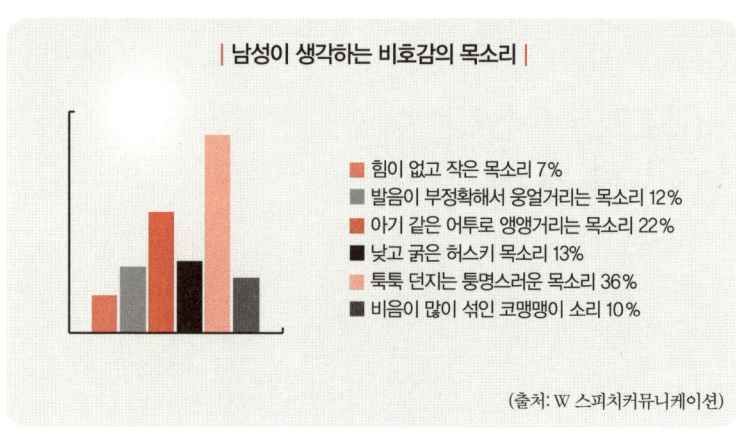

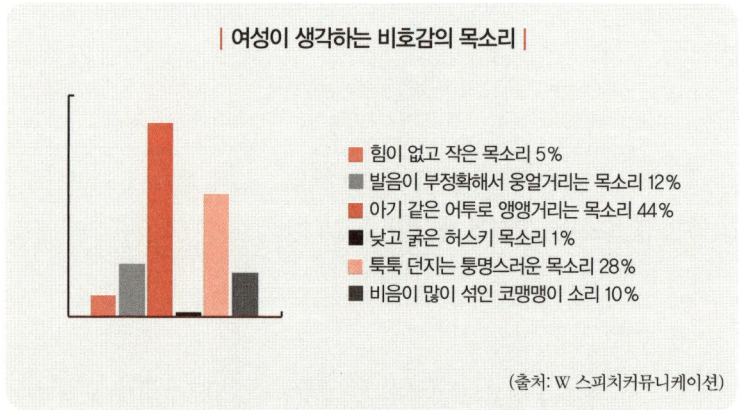

① 남성이 가장 비호감으로 느끼는 여성의 목소리 (통명스러운 목소리)

20대 후반의 사무직 직원, 배민정 씨. 나를 만나자마자 아주 절박하고도 걱정스러운 표정으로 이렇게 말했다.

"선생님, 저는 제 목소리 때문에 오해를 너무 많이 받아요. 제 마음은 그렇지 않은데 제 말투 때문에 사람들이 화났냐고 자주 물어요. 또 가끔은 제 목소리가 기분 나쁘다는 얘기도 전해 들을 때가 많아요. 이런 것도 훈련으로 고칠 수 있을까요?"

민정 씨는 이전 회사에서도 퉁명스러운 목소리가 문제가 되어 회사를 옮겼다고 했다. 헌데 똑같은 문제가 또 불거지니 사회생활 자체에 대한 어려움을 호소해 왔다. 사실 목소리가 작건, 허스키하건, 아이 같건, 발음이 좋지 않건 다른 사람에게 직접적으로 불쾌함을 주지는 않는다. 그런데 민정 씨의 사례처럼 퉁명스러운 목소리는 단번에 오해를 살 만큼 기분 나쁜 감정을 전할 수 있어 큰 문제가 되기도 한다. 일반적으로 사람들은 말의 내용보다도 그 말투에 민감하게 반응하기 때문에 퉁명스러운 어투의 말을 들으면 즉시, '아, 이 사람이 나를 좋아하지 않는구나. 되게 불친절하네. 아~ 기분 나빠!'라는 느낌을 받게 된다.

퉁명스러운 말투를 가진 사람들의 공통적인 특징 두 가지가 있는데, 첫 번째는 표정이 거의 없어서 뚱해 보인다는 점이고, 두 번째는 어미를 툭툭 던지듯 빠르게 말한다는 점이다. 이 두 가지를 확실히 개선할 수 있는 최고의 방법은 라디오 DJ를 따라 하는 것이다. 특히 저녁이나 밤 시간대 라디오 DJ의 목소리는 차분하고 따뜻하며 부드럽다. 나도 충주 MBC 아나운서 시절에 「별이 빛나는 밤에」라는 프로그램을 진행했었는데, 그때의 기억을 더듬어보면 항상 얼굴엔 미소를 가득 머금은 상태로 최대한 부드러운 목소리로 사연을 전하려고 노력했었다. 또 밤 방송을 하는 DJ들은 편안하게 휴식을 취하는 청취자들을 위해 말의 속도는 약간 느리게, 그리고 어미 처리는 더욱 여유를 갖고 말을 하게 되어 있다.

내가 정말 닮고 싶은 목소리와 어투를 가진 저녁방송의 DJ를 정해서 목소리를 유심히 들으며 따라 하는 훈련을 해보자. 특히 억양이나 어투에 집중해서 비슷하게 소리를 내야 한다. 따뜻하고 친절한 소리를 내려고 하다 보면 자연스레 입꼬리가 계속해서 올라가는 게 느껴질 것이다. 또 반대로 웃는 표정을 짓고 말을 하면 훨씬 밝은 소리가 나온다. 표정과 목소리는 짝꿍이라서 늘 함께 가기 때문에 그렇다. 얼굴을 보지 않아도 전화기를 통해 상대방의 기분을 예측할 수 있는 것은 이처럼 목소리에도 표정이 있기 때문이다.

거울을 가까이에 두고 내 표정을 살펴가면서 연습하는 것도 훌륭한 방법이다. 일단 평상시 표정 자체를 밝고도 다양하게 바꿔야 하며, 이와 동시에 라디오 DJ의 억양과 어투를 따라 하면 그 효과가 배가된다. 이렇게 자연스럽게 몸에 익힌 표정과 어투는 당신이 평상시 말할 때 크게 의식하지 않아도 표현되게 되어 있다. 다시 한 번 강조한다. 퉁명스러운 어투는 당신을 위해, 그리고 당신과 만나는 모든 사람을 위해 지금 당장 개선하기 바란다.

퉁명스러운 목소리는 모든 음절에 간격이 없고 직선으로 던지는 느낌인데다 말의 이어지는 부분이 툭툭 끊긴다. 따라서 앞서 설명했던 둥근 억양을 기억하면서 동그랗게 말을 해보자. 그리고 이어지는 부분은 툭툭 끊지 말고, 살짝 늘여서 물결 억양을 이용해 말을 하면 훨씬 부드럽고 나긋나긋한 느낌이 된다. 다음 라디오 DJ 예문으로 연습을 해보자.

 23

(실습 1)

'사놓고 빨리 읽지 않으면 글자가 모두 사라져버리는 책이 있다'라고 하면 조금 더 부지런히 책을 읽게 될까요?

최근 아르헨티나의 한 작은 출판사에서는 신인 작가의 책을
일명 마법의 책으로 만들어 출간해 화제가 되고 있다고 합니다.
구입한 지 60일이 지나면, 종이에 적힌 글자가 모두 사라져버리는 건데요.
사람들은 '기다려주지 않는 책'이라는 별명까지 붙일 정도로 많은 관심을 보인다고
하네요.
안녕하세요? 문화 읽기 우지은입니다.

② **여성이 가장 비호감으로 느끼는 여성의 목소리 (아이 같은 어투로 앵앵거리는 목소리)**

20대 초반까지는 작고 아이 같은 목소리가 귀여움의 상징이었을지도 모른다. 애교 섞인 목소리 덕에 남자 동기 혹은 선배들의 사랑을 독차지했을 수도 있다. 하지만 학교를 졸업하고 사회에 나오는 순간부터 이런 목소리는 그리 바람직하지 못하다. 아이 같은 목소리 하나로 전문성을 의심받게 되고, 상대하기 쉬운 느낌을 전한다. 나이에 걸맞은 목소리가 분명 있지만, 업무상 목소리는 사실 제 나이보다 좀 더 들어 보이는 게 더 유리하다. 상대에게 만만한 인상을 주지 않으려면 말이다.

그런데 이러한 사실을 학생 때는 전혀 인식할 수가 없다. 목소리에 크게 관심도 없을뿐더러 주변에서 오히려 귀엽다고 하는 통에 그냥 그런 줄로만 알고 산다. 그러다 취업 면접에서 몇 번의 고배를 마시다 보면 그때서야 객관적으로 자신을 하나씩 살펴보며 문제를 인식하게 된다. 특히나 신뢰감을 주어야 하는 직업군에서 아이 같은 목소리는 치명적이다. 그래서인지 변호사나 의사 같은 전문직 여성들이 이러한 목소리 고민으로 교육원을 찾아오는 경우가 상당히 많다.

30대 초반의 치과 의사, 이혜선 씨. 언뜻 보기에 얼굴도 나이보다 훨씬 앳돼 보였는데, 눈을 감고 들으면 여고생이 재잘거리는 것처럼 목소리나 어투에서 아이 같은 느낌이 확연히 들었다.

"저는 치과의사라는 직업 특성상 환자에게 차근차근 설명할 일이 많은데요. 특히 40대 이상의 나이가 좀 있는 환자분들이 제 말을 신뢰하지 않으세요. 자꾸만 나이 많은 남자 원장을 찾아 곤란할 때가 한두 번이 아니에요. 어쩜 좋죠?"

아이 같은 목소리의 원인은 크게 두 가지다. 첫째는 목에 힘을 주는 발성법 때문에 높고 가느다랗고 딱딱한 소리가 나는 경우, 둘째는 어미를 길게 빼면서 말끝을 올리는 아이 같은 어투가 있는 경우다. 목에 힘을 주는 발성법을 개선하는 방법은 앞서 프로페셔널 목소리 만들기에서 설명한 복식호흡과 인중의 울림을 이용한 목소리 톤 찾기, 공명을 풍부하게 실어주기 등의 훈련을 하면 된다. 연습을 반복하다 보면 목에서 자연스레 힘이 빠지면서 안정적인 톤에 울림이 풍부하게 실린 성숙한 목소리가 만들어진다. 그리고 어미를 길게 빼는 독특한 어투는 말끝을 의도적으로 둥글고 부드럽게 내리는 훈련을 통해서 바꿀 수 있다. 앞서 프로페셔널 목소리 만들기에서 다루었던 둥근 억양으로 말하기 훈련을 거듭하다 보면 아이 같은 어투는 어렵지 않게 개선된다.

③ **발음이 부정확해서 웅얼거리는 목소리**

중학교 국어 교사인 20대 중반의 김지영 씨. 아이들을 가르치는 직업의 특성상, 목소리 전달력이 높아야 하는 것은 당연한 일이다. 그런데 지영 씨의 고민은 어릴 적부터 입을 크게 벌리지 않고 말하는 습관

탓에 발음이 부정확하고 웅얼거린다는 점이다.

"사실 임용고시를 치를 때도 제 발음 때문에 시험에 떨어지지 않을까 무척 걱정이 컸습니다. 다행히 운 좋게 선생님이 되긴 했는데요, 요즘은 수업하러 들어가기가 겁이 날 정도입니다. 애들이 잘 못 알아듣겠다고 여러 번 질문해서 수업에 지장이 있기도 하고, 또 짓궂은 남자아이들은 그런 제 발음을 흉내 내면서 놀리기도 합니다. 명색이 국어 선생님인데 체면이 서질 않습니다."

비단 지영 씨뿐만 아니라 실제 발음이 좋지 않으면, 일상생활의 간단한 대화 속에서도 자신감이 떨어지기 마련이다. 내가 무슨 말을 했을 때, 상대방이 자꾸 못 알아듣고 "네? 뭐라고요?" 하면서 되묻는다면 부끄러워 숨고만 싶어질 것이다. 그렇다면 발음이 부정확한 주된 원인은 무엇일까? 대다수 사람들은 혀가 짧아서, 입이 작아서, 치열이 고르지 않아서 등의 선천적 이유를 떠올리지만, 사실 타고난 원인보다는 후천적 원인이 훨씬 크다. 입을 크게 벌리지 않고, 대강대강 발음하는 잘못된 습관 때문이다. 이렇게 의미만 겨우 전달하는 수준으로 발음하게 되면 당연히 발음이 뭉개지고 전달력은 약화될 수밖에 없다. 습관 자체를 바꾸어야 한다. 게으른 발음이 아닌 부지런한 발음으로 말이다.

발음은 특히나 지적인 이미지와도 연관이 깊어서 발음을 명료하게 하면 똑똑하고 영리해 보인다. 흔히 배우들이 바보스러운 연기를 할 때, 일단 혀의 움직임부터 둔하게 만들어서 혀 짧은 소리를 내는 것을 떠올려보면 바로 이해가 갈 것이다. 부지런한 여성만이 명료하고도 지적인 목소리를 가질 수 있다.

발음을 개선할 수 있는 쉬운 방법은 다음과 같다. 낭독연습을 할 수 있는 원고 하나와 거울을 준비하여 다음 순서대로 해보는 것이다.

- 혀, 입술, 얼굴 근육, 턱 등의 조음기관을 풀어준다.
- 거울로 입 모양을 보면서 원고를 한 음절씩 큰 소리를 내며 연습해본다. 처음에는 일부러 과장해서 입 모양을 최대한 크게 만들어본다. 이때 복식호흡과 배의 힘을 이용해서 소리가 입 앞으로 쑥 빠져나가는 느낌으로 또렷하게 발성을 해야 한다. 웅얼거리는 소리는 발성이 입 밖으로 나가지 않고 입안에 머물러 있을 때 만들어지기 때문에 소리를 내뱉는 연습이 반드시 필요하다.
- 이때 혀끝은 되도록 아랫니 안쪽에 편편하게 깔아준 상태를 유지하며 자음의 발음에 따라 혀끝을 날렵하게 정확한 위치에 닿게 해야 한다. 특히 'ㄴ, ㄷ' 같은 받침의 발음은 혀끝이 앞니 뒤쪽에 정확하게 닿아야 한다는 점을 유념하자.

발음은 본인이 조금만 노력을 기울인다면 빠른 시간 안에 개선할 수 있는 부분이다. '발음이 좋지 않아서 어쩌지?' 하고 고민할 필요조차 없다. 그 원인과 개선 방법이 분명하기 때문이다. 스스로 문제점 진단이 어렵다면 전문가의 예리한 코칭을 받으면 쉽게 해결되니, 걱정하지 말고 당장 훈련을 시작해보라.

④ 비음이 많이 섞인 코맹맹이 목소리

웨딩드레스 디자이너로 근무하는 30대 초반의 유나현 씨. 디자이너라는 직업의 특성 때문인지 옷차림도 무척 세련되고 키도 컸으며 자태도 고운 여성이었다. 그런데 나현 씨의 고민은 답답하게 들리는 코맹맹이 소리 때문에 사람들을 만나면 자신감이 떨어진다는 점이었다.

"디자이너가 앉아서 디자인만 하는 시대는 지났거든요. 신부님들이 오시면 어울리는 드레스에 대해서 상담도 해드리고 디자인을 설명하는 일도 잦은데, 들으신 것처럼 제 목소리가 코맹맹이 소리가 많이 나다 보니까 말을 할 때 자신이 없어요. 그래서 말을 길게 하지 않고 되도록 짧게 끝내버리는 습관이 생겼어요. 저는 제 목소리가 너무 마음에 들지 않아요."

흔히 비염이나 축농증이 있으면 코맹맹이 소리가 나게 마련이다. 이건 질환이기 때문에 당연히 병원에서 치료를 받으면 된다. 그런데 이런 코 질환이 없는데도 비음이 있다면 그것은 발성법을 바꿔 맑고 시원한 목소리로 충분히 개선할 수 있다. 지금 한번 의도적으로 "앙, 앵, 옹" 하며 코맹맹이 소리를 내보자. 혀 뒤쪽이 연구개에 닿아 목구멍을 막으면서 공기는 코로 올라가서 코에서 웅웅 울리는 것이 느껴질 것이다. 약간 과장된 느낌이긴 하나 평상시 비음을 많이 내는 사람들은 자신도 모르게 입보다는 코로 공기를 많이 보내면서 비강에서 공기를 울리는 발성을 하고 있다. 따라서 공기를 코가 아닌 입 밖으로 내뱉는 훈련을 거듭하면서 그 느낌에 익숙해져야 한다.

복식호흡으로 공기를 배에 채우고, 입안의 아치를 크게 확장한 상태 (이때 혀는 편편하게 내려서 목 안이 보일 정도로 크게 벌려준다)에서 배를 쑥 누르면서 "하~~~" 하고 공기를 내보내보자. 처음엔 공기만 내보내다가 이어서 공기에 소리를 실어주며 "하~~~아~~~" 하고 소리를 내보자. 코 막힌 소리가 아니라 배에서 입 밖으로 부드럽게 나가는 맑은소리가 날 것이다. 바로 이 느낌을 받으면서 앞서 배운 둥근 억양을 적용해서, 글을 낭독하는 방법이 효과적이다. 이때 둥근 억양은 '위로 둥글게'가 아니라 '아래로 둥글게' 해야 한다. 손동작을 하면 훨씬 감을 빨리 잡을 수 있는데, 다음 그림처럼 하는 것이다. 소리를 그림 속 손 모양처럼 아래로 둥글게 밀었다가 앞으로 내보내는 느낌으로 손동작을 하면서 소리를 내보자. 공기가 코로 올라가지 않고, 위아래로 크게 벌어진 턱을 따라 입안에서 더 잘 공명하게 됨을 느낄 수 있다. 비음을 내는 사람들은 톤도 다소 높으면서 앵앵거리는 소리가 많이 나는데 이렇게 하면 톤도 낮아지면서 비음이 사라진다.

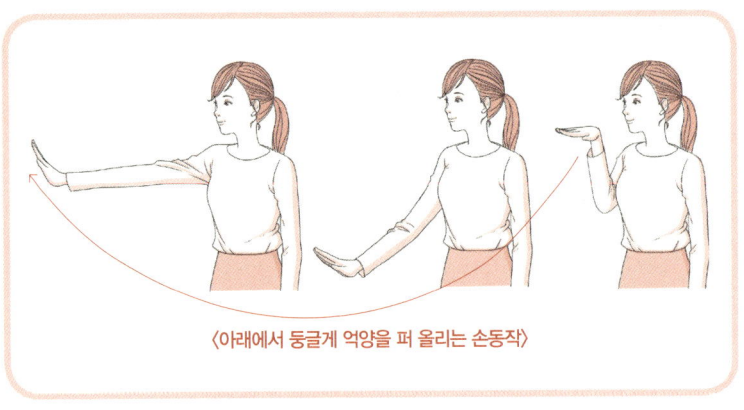

〈아래에서 둥글게 억양을 퍼 올리는 손동작〉

비단 비음뿐만이 아니라 소리를 좀 더 깊이 있고 낮게 만들고 싶은 사람들도 '아래로 둥글게' 억양을 손동작과 함께 꼭 훈련해보기 바란다. 신기하리만치 목소리가 안정될 것이다. 이 방법을 계발해 많은 수강생들의 목소리가 변화되는 모습을 봐왔다. 오랜 연구 끝에 알게 된 나만의 특효처방이다!

⑤ 낮고 굵은 허스키 목소리

미국에서 유학을 마치고 취업을 위해 한국을 찾았다는 20대 중반의 최나리 씨, 길고 찰랑거리는 생머리에 화장을 하나도 안 한 얼굴이 얼마나 청순하고 여성스러운지 자꾸만 쳐다보게 될 정도였다. 그런데 입을 여는 순간, 허스키하다 못해 억세기까지 한 목소리를 듣고 내 귀를 의심할 수밖에 없었다. 목에서 걸걸하게 나오는 소리가 마치 아저씨 같았고, 소리를 듣는 순간 예쁜 여성의 이미지는 온데간데없이 사라져 외모와 달리 성격이 걸걸할 것 같은 느낌마저 들었다.

"저는 목소리가 낮고 허스키해서 정말 고민이에요. 친구들이 되도록 입을 열지 말래요. 말을 안 하면 여신인데, 입만 열면 완전히 깬다고요. 게다가 외국생활을 오래 해서인지 발음도 좀 좋지 않은 편이에요. 선생님, 제가 문제가 이것저것 좀 많은 편이죠? 이게 다 고쳐질까요?"

외모와 목소리 이미지가 일치하지 않을 때, 사람들은 소위 "깬다"라는 표현을 쓰는데 안타깝게도 나리 씨는 목소리가 외모를 따라가지 못해서 깨는 이미지를 갖고 있었다. 요즘은 어린 나이에 유학을 가서 외국에서 청소년기를 보내고 한국으로 돌아오는 학생들이 꽤 있다. 그런데 올바른 언어습관이 형성되기도 전에 외국생활을 할 경우, 어휘 선택이나 한국말 자체에 대한 자신감이 떨어지고, 더불어 발성이나 발음에도 문제가 생기는 경우가 많다. 나리 씨 역시 불분명한 영어식 발음을 하고 있었고, 목을 누르면서 발성하는 잘못된 발성습관이 있었다.

우선 여기서는 잘못 형성된 발성습관에 대해서만 이야기를 하고자 한다. 소리가 목 안쪽에서 울리면 허스키하고 퍼지는 탁한 음성 혹은 딱딱한 음성이 만들어진다. 공기를 목 안쪽이 아닌 입 앞쪽으로 보내면서 마스크 쪽을 울려야만 부드럽고 명료한, 맑은 음성이 만들어진다. 복식호흡은 언제나 기본이며, 목을 누르지 않기 위해 목의 안쪽을 둥글고 크게 열어주는 훈련을 반복해야 한다. 목의 아치를 활짝 열어야만 크고 둥근 공간 안에서 소리가 부드럽게 울리기 때문이다.

그리고 공기는 무조건 앞니 뒤쪽으로 보내야 한다. 공기가 앞니로 모인 느낌을 연습하기 위해서는 "ㄴ~~~나~~~" 발성이 가장 도움이 된다. 혀끝을 앞니 뒤쪽에 대고 "ㄴ~~~" 소리를 내보자. 공기가 앞니로 모이면서 강하게 진동하는 것이 느껴질 것이다. 그 진동이 그대로 이어져 "나~~~" 발성을 하면 소리가 앞니에서 튀어 나가는 느낌을 받을 수 있다. "ㄴ~~~나~~~"의 감을 익혔다면 이번엔 "ㄴ~~~나~~~니~~~노~~~", "ㄴ~~~나~~~네~~~니~~~노~~~누~~~"를 반복해보자. 처음엔 잘 모르다가도 반복하다 보면, '아! 소리를 입 앞쪽에서 낸다는 게 이런 느낌이구나! 목에 힘이 정말 들어가지 않고 소리가 부드럽게 나오네!' 하며 이전과 소리가 확실히 달라진 것을 깨닫게 될 것이다.

"ㄴ~~~나~~~" 발성 방법은 어떠한 원고든지 쉽게 적용해서 연습할 수 있다. 한 음절씩 길게 늘여서 소리를 목이 아닌 입 앞쪽에서 나도록 훈련하면 되는데 다음의 시에 적용해보자.

산~에~는~꽃~피~네~꽃~이~피~네~
갈~봄~여~름~없~이~꽃~이~피~네~

허스키한 정도에 따라 집중적인 훈련의 지속 기간은 다소 다를 수 있으나 8주간의 기본훈련이면 목에 힘이 빠지면서 허스키한 느낌이 사라지고 훨씬 부드러운 공명이 실리는 것을 확인할 수 있게 된다. 다른 사람의 귀를 피곤하게 만들고 여성스러움과의 거리를 멀게 만드는 허스키한 음성은 반드시 꾸준한 훈련을 통해 개선하도록 하자. 점점 맑아지는 목소리의 변화에 따라 나의 기분도, 인생도 맑아지는 것이 느껴질 것이다.

⑥ 힘이 없고 작은 목소리

작고 여린 목소리는 체격이 작거나 마른 여성들에게 많이 나타나는 목소리 고민이다. 당연히 체격도 크고 몸의 근육량도 풍부할 때 훨씬 힘이 있고 우렁찬 소리가 시원하게 뿜어져 나온다. 그러나 작고 마른 여성들도 적당한 운동을 병행해가며 올바른 호흡, 발성법을 배우면 얼마든지 크고 울림 있는 소리를 만들 수 있다. 여러 가지 목소리 고민 중에 가장 흔하면서, 또 가장 빨리 개선되는 것이 바로 작은 목소리다.

20대 후반의 영화관 매니저로 일하는 한민지 씨 역시 작은 목소리 때문에 고민을 호소해왔다.

"저는 소란한 영화관에서 스태프를 관리하고 교육하는 일을 하는데요, 항상 소리를 크게 내야 하는데 목소리가 너무 작고 막혀 있는 것 같아서 늘 힘들어요. 조금만 크게 소리를 내도 목이 금세 아파오고, 시원하게 소리를 낼 수 없으니까 너무나 답답해요."

민지 씨의 고민은 언뜻 보기엔 심각해 보이지만, 사실 작은 목소리를 크게 만드는 것은 간단하다. 목소리 훈련에 돌입한 지 불과 2~3주 만에 소리가 뻥 뚫리면서 성량이 커져서 민지 씨 본인도 깜짝 놀랐다.

목소리가 작은 원인은 간단하다. 대다수 사람들은 '공명'을 이용할 줄 모르기 때문이다. 항상 성대에서 나오는 미약한 소리에 의존하다 보니 소리가 작고 힘이 없는 것이다. 성대에서 만들어지는 소리를 대표적 공명기관인 구강과 비강에서 충분히 울릴 수 있도록 만들어주면 된다. 흉식호흡을 하면 본인도 모르게 상반신 전체에 힘이 들어가 목을 누르게 된다. 그러므로 복식호흡을 통해 배에 공기를 채우고, 복근의 힘을 이용해 공기를 많이 내보내며 마스크공명을 충분히 활용해주면 된다. 그리고 소리는 입안 쪽에 머문다는 느낌이 아니라 전방에 목표 지점을 정해서, 그곳까지 소리를 도달시키겠다는 의지를 가지고 발성해야 한다. 소리를 인중 쪽으로 모아서 목표 지점까지 뻗어내듯이 내보내면 상당히 또렷하고도 힘이 있는 음성이 만들어진다.

다음 그림처럼 바닥에 원고 하나를 펼쳐두고 허리를 숙인 채, 원고를 큰 소리로 읽어나가는 연습도 도움이 된다. 숨을 들이마셔서 배를 볼록하게 만든 다음, 배를 쑥 집어넣으면서 하나의 의미 구절씩 읽어 내려가면 된다. 허리를 굽힘으로써 배에서 공기가 쑥 빠져나가는 느낌을 받게 되고, 바닥을 향해 있는 마스크 쪽으로 공기가 모였다가 폭포수처럼 쏟아지듯 소리가 크게 나가는 것이 느껴질 것이다.

그리고 소리를 낼 때의 공기의 양 조절은 무조건 아랫배. 아랫배 근육이 잘 단련되어 있을 때 힘 있는 소리가 편안하게 나올 수 있다. 매일 저녁 가벼운 윗몸일으키기 50번에 도전해보라. 그리고 집 근처 동네 한 바퀴라도 가볍게 조깅을 해보자. 아랫배가 단단해지고 동시에 폐활량이 늘어나면서 소리도 훨씬 커지는 것을 바로 느끼게 될 것이다.

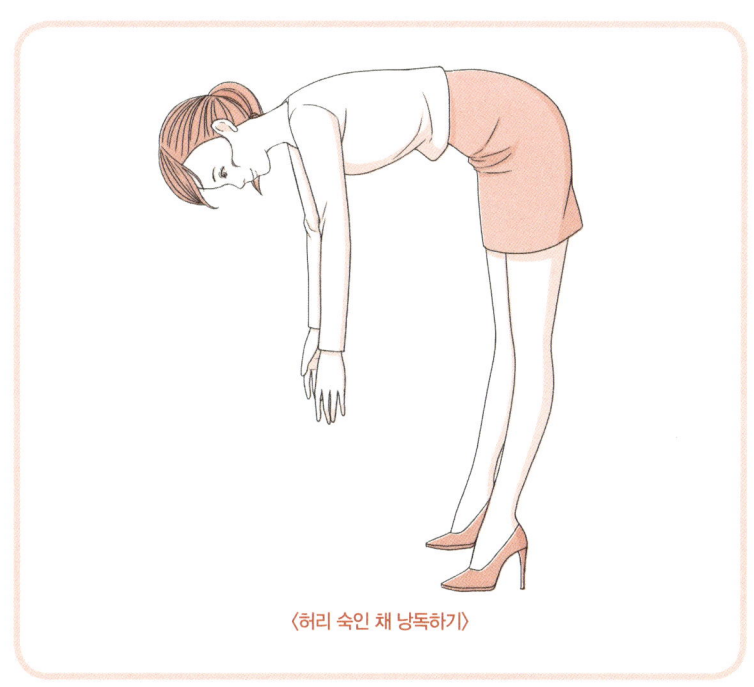
〈허리 숙인 채 낭독하기〉

:: 여성이 반드시 고쳐야 할 언어 습관
"사람의 말투는 마음의 목소리다." – 랄프 W. 에머슨

    습관이란 참으로 무섭다. 특히 언어 습관이란 오랜 시간 입에 밴 표현들이라 쉽게 잘 바뀌지도 않는다. 하지만 그 작은 습관 때문에 같은 말이라도 사람의 분위기가 180도 달라지기도 한다. 다음은 젊은 여성들이 주로 갖고 있는 언어 습관들 중에서 반드시 개선해야 할 여섯 가지를 뽑아본 것이다. 이 중의 하나라도 해당된다면 당신의 이미지를 갉아먹는 좋지 않은 습관이므로 반드시 바꿔보도록 하자.

① 확신이 없는 듯 말끝을 흐리는 습관

어미 처리는 말의 전체적인 분위기를 좌우할 만큼 중요하다. 가장 좋지 않은 어미 처리 습관은 말끝을 흐리는 것이다. 우스갯소리로 우리말은 끝까지 들어 봐야 한다고 하지 않는가. 서술어가 뒤에 나오는 우리말의 특성상 말꼬리를 흐리면 내용 자체가 정반대로 되어버리기도 한다. 문장의 끝이 들리면 정확한 의사전달이 되고 앞선 말들도 명료하게 전달이 되지만, 말끝이 흐려지면 단번에 확신과 자신감이 없는 느낌을 상대에게 전하게 된다. 그러므로 다음에 제시된 예문처럼 절대로 어미를 흐리거나 작게 말하는 일은 없어야 한다.

안녕하세요? 저는 **이수연**입니다……. **대학교** 4학년이고요……. 전공은 **패션디자인**입니다……. **여러분**과 만나게 돼서 반갑습니다……. 열심히 하겠습니다…….

이렇게 말하는 것이 그저 습관처럼 굳어져버린 경우도 많은데, 끝까지 분명하게 발음하는 새로운 습관을 만들어보자. "~합니다", "~한데요", "어떻게 생각하십니까?", "~하죠?" 등 퍼블릭 스피치에서 자주 쓰이는 "다, 요, 까, 죠"의 어미가 분명하게 들려야 한다.

그리고 보통은 서서히 완만한 곡선을 그리며 점차 소리가 작아지는 경우가 대부분인데, 그러다 보면 결국엔 주어만 들리고 나머지는 거의 잘 들리지 않게 된다. 이는 목소리가 작은 사람일수록 그 정도가 심하게 나타난다. 따라서 평소 목소리가 작은 사람들은 말을 시작할 때 목소리 볼륨 자체를 좀 더 크게 키울 필요가 있다.

또 평상시 대화를 나눌 때도, 자기 생각이나 소신이 분명하지 않은 사람들이 대개 말끝을 흐리는 것을 볼 수 있다. 이런 것도 같고, 저런 것도 같고, 생각이 뚜렷하지 않다 보니 그것이 말로써는 불분명한 어미 처리로 나타나는 것이다. 비트겐슈타인은 이런 말을 했다. "언어의 세계는 그 사람의 세계다"라고. 매사에 흐릿하게 말하는 사람은 흐릿한 사고를 하는 사람이다. 20대부터는 성인이기에 삶에 대한 근본적 태도, 어떤 사회 현상에 대한 자기 생각 같은 것이 바로 서 있어야 한다. 평소 여러 가지 주제로 생각하는 습관을 갖도록 하자. 그리고 그 생각을 확실하게 말로 표현하는 연습을 해보자. 명확한 사고에 흐린 어미 처리란 없다.

② 어미를 길게 늘이거나 콧소리를 많이 넣는 습관

여성들의 일상적인 대화를 들어보면 어미를 길게 늘이거나 콧소리를 많이 넣는 언어 습관을 쉽게 발견할 수 있다. 친구들끼리 나누는 편안한 수다 삼매경 속에서 이 습관을 지적할 사람은 아무도 없다. 하지만 나도 모르게 몸에 배어 있는 습관 탓에 당신은 상대방에게 미성숙한 이미지로 기억될 수 있다. 특히, 면접 같은 중요한 자리에서라면 더 치명적일 것이다. '중요한 자리에서만 신경 쓰면 되겠지'라고 안이하게 생각하지 말자. 예상치 못한 질문을 받으면, 무방비 상태에서 평소 습관이 고스란히 튀어나와 무척 당황스러울 수 있다.

그런데 그런 상황을 맞닥뜨리지 않고, 운 좋게 면접에 합격했다고 치자. 하지만 하루 중 대부분의 시간을 보내는 직장에서 당신의 습관은 자연스레 언제 어디서고 튀어나오게 되어 있다. 이때 어미를 길게 늘이고 콧소리를 넣는 습관은 아직 학생티를 벗어내지 못한 어리광으로 비칠 수 있으며, 단순히 그 이유로 당신의 능력이 절반만 인정될 수 있다는 사실을 알아야 한다. 믿고 싶지 않지만 사실이다. 특히 보수적인 직장 상사는 그런 어리광이 배어 있는 목소리는 듣고 싶어 하지 않는다. 프로의 목소리로 무장하길 바란다.

- 내가아~ 어제에~~ 친구를 만났는데에~~ (바르지 않은 예)
- 내가 어제 친구를 만났는데 (바른 예)

또 한 가지 주의할 점은 여성의 콧소리다. 말의 어미를 늘이다 보면 비음이 평소보다 더 많이 섞이기도 한다. 어미가 올라가면서 소리가 위로 올라가기 때문이다. 게다가 습관적인 콧소리까지 더해져 "설마아~", "아잉~~", "정마알~~" 하면서 연인 사이에서나 애교로 통하는 이런 습관을 업무상이나 공적인 자리에서 한다면 미덥지 못한 느낌을 주게 된다. 사적인 말투와 공적인 말투는 반드시 구분해 사용해야 한다.

비음을 많이 쓰고 있는지 확인해 보는 간단한 방법이 있다. 비음 음소(ㄴ, ㅁ, ㅇ)가 쓰인 '내 마음'이라는 단어를 코를 막고 말해보자. 코안에 울림이 느껴질 것이다. 정상이다. 하지만 비음이 전혀 쓰이지 않은 '최고, 탁자'와 같은 단어를 코를 막고 읽어보자. 이때는 코에서 울림이 느껴져서는 안 된다. 만약 코에서 울림이 느껴진다면 당신은 습관적으로 콧소리를 내는 사람일 것이다. 내면이 성숙한 여성으로 보이길 원하고 상대에게 신뢰감을 주고 싶다면, 어미를 늘여서 말하는 것과 콧소리를 많이 쓰는 언어 습관은 하루라도 빨리 개선하길 바란다.

③ 말끝에 힘을 주며 억양을 올리는 습관

말끝을 살짝 올리면 친절하고도 상냥한 느낌이 드는 것이 사실이다. 그래서 서비스 직종에 종사하는 사람들의 어투를 들어보면 "안녕하십니까? 고객님", "잠시만 기다려주시겠습니까?" 하면서 말끝을 올려 친근한 느낌으로 말을 한다. 이렇게 어미를 물결 억양을 살려 부드럽게 올리는 건 괜찮으나 정도가 지나쳐 어미에 힘을 강하게 주면서 일자로 올리면, 어린아이 같기도 하고 때론 톡 쏘아붙이는 느낌을 준다. 대개 목에 힘을 주는 발성습관을 가진 사람들에게서 나타나는 현상이다. 또한 문장의 종결어미뿐만 아니라 문장의 중간어미가 올라가는 것도 마찬가지로 좋지 않다. 이 언어 습관을 지닌 사람들은 대부분 한 문장 안에서도 여러 차례 억양을 올린다.

같은 말을 하더라도 말끝을 부드럽게 퍼 올리듯이 올리는 것과 뻣뻣하게 일자로 힘을 주어 올리는 것은 그 느낌의 차이가 상당하다. 예를 들어 다음 억양기호에 따라 말을 해보자.

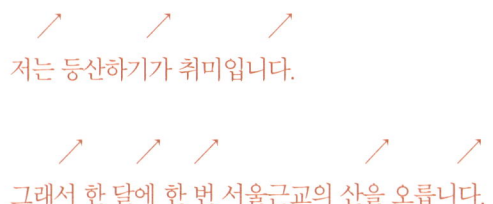

또 이와 비슷한 습관으로 어미를 가볍게 올리면서, 중간어미에 계속 물음표를 찍는 듯한 느낌으로 말을 하는 사람들이 있다. 마치 의문문을 만들 때 억양을 올리는 것처럼 말이다.

제가 올해 이루고 싶은 목표는 (?)↗

스피치를 잘하는 것과 (?)↗ 좋은 목소리를 갖는 것입니다.

이렇게 자기 생각을 말하면서 계속해서 의문부호를 붙인다면 스스로의 말에 확신이 없다는 느낌을 전해준다. 또 하나 재미있는 것은 이러한 습관을 지닌 사람들은 퍼블릭 스피치를 할 때도 억양이 올라가는 부분에서 눈이 함께 위로 향하는 경우가 많아 안정감이 없어 보인다. 신뢰감을 확 떨어트릴 수 있기 때문에, 혹시 나도 모르게 이런 습관이 있는 것은 아닌지 꼭 녹음을 해서 한번쯤 들어봐야 한다. 보통은 스스로 전혀 모르고 있는 경우가 대부분이며, 전문가가 아닌 이상 누군가 옆에서 이런 습관을 인식하고 체크해주기란 어렵기 때문이다.

④ 지나치게 말이 빨라지는 습관

여성들 중에는 흥분하면 말이 빨라지는 점 때문에 고민하는 경우가 상당히 많다. 실제로 성격이 급한 사람들이 말이 빠른 것을 볼 수 있는데 성격은 급하고, 하고 싶은 말은 많다 보니 짧은 시간 동안 많은 양의 말을 쏟아낸다. 이렇게 쉬지 않고 속사포처럼 내뱉는 말을 듣고 있으면 상대방의 귀는 무척 피곤해질 수밖에 없다. 또 말의 속도가 빨라지면 그 속도에 조음기관이 따라가지 못해 발음이 상당 부분 뭉개진다. 즉 전달력이 현저히 떨어져 말은 많이 하지만, 실제 상대방 귀에 전달되는 양은 적어지는 것이다. 그리고 말이 빠른 여성들은 대개 가

숨으로 숨 쉬는 얕은 호흡으로 가볍게 말하기 때문에 목소리의 톤이 높고 가늘며 딱딱하다.

영화 「내 아내의 모든 것」을 보면, 아내 역 임수정 씨의 목소리는 따발총처럼 빠르고 거침이 없다. 무조건 자신의 의견만 날카로운 목소리로 강하게 주장하는 아내에게 질식할 것 같은 두려움을 느낀 남편은, 아내와의 이혼을 꿈꾼다. 말의 속도가 빠르다는 것은 상대를 배려하지 않는다는 것과 같은 의미이다. 실제로 남성들은 여성의 목소리 중에서도 '말의 속도'에 상당히 민감하게 반응한다고 한다. 말이 빠르면 강압적인 느낌, 감정이 격앙된 느낌을 받아서 부담감이 커진다고 한다.

왜말을잘라.사람무안하게.그럼내가저사람앞에서뭐가돼.자긴늘그러더라.

이처럼 말이 빠른 사람들은 말에 쉼표가 없다. 말의 간격이 좁고 쉼이 없어 듣는 사람도 숨이 찬다. 말의 높낮이 변화도 거의 없이 일자로 뻗어 있는 경우가 많다. 마음에 여유가 있는 사람만이 말에도 여유가 있다. 또 말에 여유가 생기면 반대로 마음에도 여유가 생긴다. 그리고 한 연구결과에 따르면, 쉼 없이 말을 이어서 하는 사람보다 휴지기를 갖고 또박또박 끊어서 말하는 사람을 더 신뢰하는 것으로 나타났다. 위의 예문에 쉼을 주면서, 부드러운 억양을 살려 다시 한 번 말하듯이 읽어보자.

왜 말을 잘라. ∨ 사람 무안하게. ∨ 그럼, 내가 ∨ 저 사람 앞에서 뭐가 돼. ∨ 자긴 ∨ 늘 그러더라.

똑같은 내용의 말이다. 그런데 어떤 속도와 톤, 억양, 어투로 말을 하느냐에 따라 받아들이는 사람은 전혀 다르게 느끼게 된다. 말하는 사람으로서도 구와 구 사이에 쉼을 주며 말하면 화가 나서 흥분된 마음이 조금씩 차분해지는 것을 느낄 수 있다. 흔히 마음을 안정시키기 위해 깊은숨을 쉴 때처럼 속도를 개선하기 위한 가장 좋은 방법은 복식호흡이다. 숨을 들이마시고 공기가 배에서 나갈 때 의미 단위별로 호흡해가며 둥근 억양으로 말을 하면 말이 무작정 빨라지는 일은 절대 없다. 또 복식호흡으로 배에서 소리를 끌어 올렸을 때 비로소 들뜬 듯한 높은 톤이 차분하게 안정이 된다. 빠르고 높은 톤으로 강하게 말하는 여성보다는 차분하면서도 부드럽게 말하는 여성이 훨씬 기품 있어 보인다.

⑤ 불필요한 말을 덧붙이는 습관

스피치 코칭을 할 때는, 비디오로 촬영하고 영상을 분석하는 방법을 늘 사용한다. 화면을 통해 자신이 말하는 모습을 객관적으로 본다는 것, 물론 처음엔 어색하기 짝이 없으나 계속 보다 보면 내가 모르던 나의 모습을 발견하는 확실한 계기가 되어준다. 특히 사람마다 습관적으로 반복하는 말이 한두 가지씩은 꼭 있는데, 이렇게 녹화나 녹음을 하지 않는 이상 그러한 습관을 스스로 인식하기란 쉽지 않다. 예를 들어 여성들이 구어체에서 정말 많이 반복하는 습관언어 중에는 '~가지구', '~ㄹ려고'란 말이 있다. 아래 예문을 살펴보자.

- 오늘 친구 만나가지구 (→만나서) 하루 종일 공부했어요. 그래가지구

(→그래서) 내일 시험은 잘 볼 것 같아요.
- 내가 그 배우를 정말 좋아해가지구 (→좋아해서) 그 배우가 나오는 영화는 다 봤어.
- 발표에 자신감을 찾을려고 (→찾으려고) 이곳에 오게 되었습니다. 열심히 노력해서 스피치왕이 되볼려고 (→되보려고) 합니다.

이렇듯 '~가지구', '~ㄹ려고'는 어떤 서술어든 그 뒤에 붙이는 형태로 자주 사용이 되는데, 이 경우 약간 미성숙하고 어리숙한 느낌을 준다. 또 '그리구', '그래서', '그런데'라는 접속사를 굳이 사용하지 않아도 될 부분에 습관적으로 사용하는 경우도 많고, 말버릇처럼 '이제', '인제', '자~'를 문장 앞머리마다 쓰는 경우도 잦다.

그리고 말을 하다 보면 자신도 모르게 "음…… 그…… 이…… 어…… 저……" 같은 굳이 필요 없는 습관적인 말도 자주 사용한다. 다음 말이 바로 생각나지 않아 말을 잠깐 멈추고 있는, 아주 짧은 침묵을 이기지 못해 그 사이사이를 이러한 말로 채우는 것이다. 이런 군더더기 표현은 내용의 흐름을 깨고 의미 전달을 방해하며, 말의 간결함에서 나올 수 있는 세련미를 약화시킨다. 침묵의 상황을 두려워할 필요 없다. 강연에서는 청중을 집중시키기 위해 혹은 다음 말을 강조하기 위해 잠깐 말을 멈추는 포즈를 의도적으로 사용하기도 한다.

말이 끊어진다고 생각이 끊어지는 것도 아니며 상대방이 나에게 가졌던 관심을 돌리는 것도 아니다. 오히려 포즈 기법을 잘 사용하면 청중의 마음을 쥐락펴락 긴장을 주었다 늦췄다 할 수 있기 때문에 이는 난이도 높은 스피치 스킬 중 하나다. 지금 당장 간단한 스피치 주제로

1분 스피치를 하면서 녹음을 해보자. 요즘은 휴대전화에 녹음기 기능이 있어 아주 간편히 해볼 수 있지 않은가. 당신이 자주 반복하는 언어 습관을 세 가지 이상 찾은 후, 의식적으로 그 습관을 사용하지 않으려고 노력하면서 다시 한 번 녹음을 해보는 것이다. 분명 차이가 있을 것이다. 습관은 노력 없이 절대 개선되지 않는다.

⑥ "네, 네" 혹은 "음, 음" 하고 대답하는 습관

"네, 네"는 특히 전화 통화상에서 대답할 때 자주 나오는 버릇이다. 한 번만 "네" 하면 될 것을 습관적으로 "네, 네" 짧게 두 번씩 하는 것이다. 나도 전화 통화를 하다 보면 무의식중에 이런 습관이 튀어나오곤 해서 전화를 끊고는 반성할 때가 있다. 잘 듣고 있다는 표현으로 예의를 갖춰서 "네, 네"라고 하지만, 빠르게 말할 경우 자칫 가볍고 경박하게 느껴질 수 있기 때문이다. 이 같은 습관은 자신도 모르는 사이에 금세 입에 붙어 버리기 때문에 특히 주의해야 한다. 빠른 속도로 하는 "네, 네" 대신에 "네에~" 하고 살짝 끝을 늘이면서도 내려서 대답을 하면 훨씬 부드럽고 차분한 인상을 주게 된다.

그리고 대화 중에 상대방의 이야기를 잘 듣고 있다는 표시로써 "음" 혹은 "음음"을 추임새처럼 계속 반복하는 경우도 있다. 만일 이러한 추임새를 넣는 사람이 나보다 나이가 어리다면 마치 반말을 하는 것 같은 느낌에 연장자는 약간 불쾌한 감정이 들 수도 있다. "음"은 "응"과 비슷하게 들리기 때문에 말을 놓는 느낌이 들기 때문이다. 또 친구들 사이에서는 "어어"도 많이 쓰는데, "어어" 혹은 "음음"이 크고도 빠르게 자주 반복되면 말하는 사람은 쫓기듯 마음이 급해지면서 말을 빠르게 해야 한다는 압박감을 느낀다.

 잘 듣고 있다는 표시를 부드럽게 하고 싶다면, 적당한 시간적 간격을 두고 "으음~" 혹은 "네에~"를 약간 길게 늘여서 하면 좋다. 그리고 전화상이라면 듣고 있다는 표시로서, 꼭 이런 간단한 추임새는 넣어주어야 한다. 상대방이 아무 반응도 보이지 않으면, 말하는 사람은 상대가 잘 듣고 있는지 확인할 수 없어 불안하다. 또 이 때문에 상대가 통화에 집중하지 않는 것 같은 기분이 들면 마음이 상할 수도 있다. 오로지 소리에 의존하는 전화상의 대화에서는 이 같은 작은 추임새뿐만 아니라 말의 속도와 발음에도 더 유의해야 커뮤니케이션이 원활해진다. 전화 통화를 할 때는 말의 속도는 평소보다 느리게, 발음은 더욱 정확하게! 앞으로 전화 수화기를 잡기 전에는 항상 "음~~~마~~~"로 자기 목소리 톤부터 점검해보자.

"콤플렉스였던 목소리, 자신감의 원천이 되다!"
목소리 트레이닝 후기

1. 인생의 터닝 포인트가 되어준 목소리 트레이닝 (김소희, 취업준비생)

보이스 트레이닝을 시작하게 된 계기는 취업 때문이었습니다. 평소 아기 같고 가는 목소리로 말하는 태도 때문에 인턴 생활을 할 때도 어려움을 겪었습니다. 이에, 취업하기 전에 당당하고 자신 있는 목소리를 갖고자 목소리 트레이닝을 시작하게 되었습니다.

목소리 트레이닝 후 가장 크게 달라진 점은, 목소리는 물론이거니와 저의 태도였습니다. 목소리에 힘이 생기고 목소리로 에너지를 전달할 수 있음을 배웠습니다. 목소리가 변하니 자연스럽게 저 스스로 다른 사람과 당당하게 대화할 수 있고 스스로 자신감을 되찾게 되었습니다.

호감형 목소리의 장점은 단지 취업을 위해 갖추는 무기가 아닌, 사회생활에서도 의견을 더 잘 전달하고 고객과의 신뢰를 형성해가는 데 도움이 될 수 있는 저만의 보물이 될 것이라 확신합니다.

2. 목소리를 바꿔서 뭐해?! (홍민정, 예비 의료인)

저는 솔직히 그동안 제 목소리가 좋다고 생각했습니다. 크고 울리는 목소리였거든요.

그런데 입을 거의 안 움직이고 이야기한다는 것과 어린아이 같은 말투의 습관이 있다는 것을 알게 되었습니다. 약간 톤이 높다고는 생각했지만 어린아이 같은 말투는 생각도 못했거든요. 저는 앞으로 의료계에 종사할 예정이라 누구보다 신뢰감과 호감을 주는 목소리를 갖고 싶었습니다.

목소리 트레이닝을 시작하면서 얼굴의 경직된 근육을 풀고, 안 쓰던 근육을 활성화 시키면서 표정도 부드러워졌으며, 목소리의 톤도 안정되는 것을 느낄 수 있었습니다. 어린아이 같은 말투 역시 없어져 갔고요. 복식호흡을 통해 말을 하다 보니, 생각 없이 툭툭 말을 뱉는 습관도 줄어든 것 같습니다.

제 주변에는 아직도 '목소리를 바꿔서 뭐해?', '지금껏 잘 살아왔는데'라고 생각하는 사람이 많을지도 모르겠어요. 하지만 목소리를 바꾸려는 노력을 통해 목소리뿐만 아니라 표정, 자신감 등 여러 가지 효과들을 경험할 수 있었습니다.

3. 저에게도 목소리 변화가 찾아왔어요! (최현정, 취업 준비생)

저는 현재 취업 준비를 하고 있습니다. 그래서 모의면접 스터디를 많이 해왔는데요, 그때마다 지적받는 것이 허스키하고 낮은 목소리, 불안한 호흡이었습니다. 그 때문에 답변이 잘 전달되지 않는다고 하더군요. 그래서 이대로는 안 되겠다 싶어 목소리 트레이닝을 받기로 했습니다.

처음부터 다시 잡아가는 호흡, 발성, 발음을 교정하며 자신감도 키워나갔습니다. 목소리에 변화가 생겼는지 의심하던 그즈음에 다시 시작한 모의면접 스터디에서 "목소리가 듣기 편안하고 안정적이어서 좋다"라는 피드백을 받기 시작했습니다! 그때의 그 기쁨이란. 저에게도 변화가 찾아온 것이었습니다!!

더 놀라운 것은 마지막 날에 확인했던 'before & after' 영상이었습니다. 저는 원래 목소리가 큰 편이어서 눈에 띄는 변화가 없는 줄 알았는데 영상을 비교해보니, 한없이 탁하고 갈라지던 목소리가 8주 후에는 말끔하고 청아하게 바뀌어 있었습니다!

그리고 변화된 점이 하나 더 있었습니다! 복식호흡이 나도 모르게 도둑처럼 다가와 있었어요. 친구들이 숨 쉴 때 왜 배를 꿀렁거리며 움직이냐고 묻더라고요. 이만하면 잘 되어가고 있는 거겠죠? 앞으로도 꾸준히 연습해서 더욱더 건강하고 멋진 목소리를 가꾸어 제 꿈을 꼭 이룰 겁니다!

4. 목소리 덕분에 직장에서 더 신뢰를 얻었습니다. (백지연, 학원 강사)

학원 강사로 일하면서 분필 가루 때문에 목상태도 많이 안 좋아졌고, 강의를 하다 보니 장시간 말을 많이 하게 되는데 그때마다 목으로 말해 목도 쉽게 아팠습니다. 또한 아이 같은 어투와 하이톤 음성이 떨리는 문제도 갖고 있었습니다. 우지은 선생님을 통해 울림이 전혀 없는 납작한 소리라는 진단을 받았습니다.

가장 문제였던 건 말할 때마다 항상 어깨와 목에 긴장이 들어간다는 것이었어요. 복식호흡, 마스크 공명 발성, 이런 걸 몸에 익히는 게 정말 어려웠습니다. 저한텐 너무 추상적인 개념이었어요. 26년간 그런 것을 전혀 모르고 살아왔으니 당연한 거겠죠? 하지만 포기하지 않고 6개월 동안 꾸준히 목소리 트레이닝을 했습니다.

다른 친구들은 실력이 나날이 좋아지는데 나만 너무 더딘 거 아닌가 걱정했던 적도 많았습니다. 하지만 연습만이 살길! 스마트폰 삼각대까지 구입해 혼자 영상을 찍어보며 꾸준히 노력했습니다.

이렇게 노력한 결과 'before & after' 영상을 비교했는데, 정말 깜짝 놀랐죠. 훨씬 힘이 있고 안정된 목소리와 밝아진 표정 등 크게 변화된 제 모습이 믿기지 않았습니다. 예전에 정말 내 목소리가 하이톤이었나, 귀를 의심하게 될 정도의 차분한 톤으로 변해 있었어요. 'before & after' 영상을 어머니와 친한 친구들에게 보여주니 아나운서 같다고 하며 정말 목소리가 많이 달라졌다고 합니다.

요즘엔 목소리가 참 차분하고 좋다는 말을 많이 듣습니다. 예전엔 상상도 못했었는데 말이죠. 지금은 변화된 목소리 덕분에 직장에서도 더 신뢰를 받으며 생활합니다. 목소리에 따라 달라진 저의 태도와 표정으로 새삼 인생에서 참 큰 것을 얻었다는 생각이 듭니다.

5. 나는 목소리 문제점의 종합선물세트였다! (최슬기, 아나운서 지망생)

저는 다른 사람들이 하나씩 가지고 있는 고치기 힘든 문제점을 (ex: 발성, 발음, 비음, 특이한 어조 등) 모두 다 가지고 있던 '문제점의 종합선물세트' 같은 존재였습니다. 그런데 그 대표적인 문제아였던 제가 지금은 어디 가도 기본기는 제대로 되어 있다는 평을 들을 만큼 발전했습니다.

발성과 발음을 꼼꼼히 훈련하고, 뉴스와 MC 원고를 꾸준히 따라 읽었습니다. 그리고 스피치를 통해 발성과 발음을 적용해 보며 목소리를 개선해 나갔습니다. 트레이닝 초기에는 솔직히 뭐가 뭔지 잘 모르는 채로 지나갔습니다.

그러다가 차츰 듣는 귀가 생기는 듯했습니다. 제 목소리를 듣고 '비음이 나왔다, 소리가 조금 높았다' 등 스스로 판단할 수 있게 되었습니다. 목소리를 스스로 평가하여 자주 반복되는 문제점을 찾아낼 수 있게 되니 연습하기가 조금씩 더 쉬워졌습니다. 그리고 이때부터 목소리에도 변화가 오기 시작했습니다.

비음으로 듣기 싫었던 콧소리는 안정감 있는 소리로 바뀌었고, 아직도 교정기를 끼고 있냐는 말을 들을 만큼 뭉개졌던 발음도 올바른 혀의 위치나 모양을 알게 되니 또박또박 제대로 된 소리를 내게 되었습니다.

　그 결과 제 목소리는 과거에 비해 정말 멋지게 변화했습니다. 그만큼 아나운서의 꿈에도 더욱 가까워졌다고 생각합니다.

« PART III

누구라도 첫눈에 반할 외적 이미지

내 안의
여성성 높이기

:: **여성은 여성스러울 때 가장 눈부시게 빛난다**
"여자는 여자로 태어나는 것이 아니라 여자가 되는 것이다." — 보부아르

    생물학적 연구결과에 따르면 대뇌에서 시각을 담당하는 영역인 시각피질은 지각적 영역 중에서 가장 활발하게 움직인다고 한다. 그래서일까? 우리는 사람들을 처음 만났을 때, 일단 눈으로 들어오는 수많은 정보들(의상, 헤어스타일, 메이크업, 액세서리, 표정, 자세, 제스처, 시선 등)을 빠르게 분석하면서 그들에 대해 추측하고, 나름대로 분류하고, 판단하고, 평가를 내린다. 미국 프린스턴 대학교 심리학 연구팀이 수행한 첫인상에 대한 실험결과에 따르면 사람들이 첫인상을 평가하는 데 걸리는 시간은 불과 0.1초라고 한다. 첫인상이 중요한 이유는 흔히 초두효과(primacy effect)로 설명되는데, 처음에 각인된 긍정적인 이미지는 그

사람에 대해서 나중에 접하게 되는 새로운 이미지에도 긍정적인 영향을 미치게 된다. 반대로 첫 이미지가 부정적이면 이어서 접하게 되는 이미지에도 부정적인 영향을 끼친다. 극히 제한된 정보를 토대로 내린 불완전한 판단임에도 한번 형성되면 콘크리트처럼 웬만해선 잘 깨지지 않는다. 그래서 좋지 않은 첫인상이 바뀌려면 무려 40시간 이상이 걸린다는 통설도 있다.

누구나 가끔 억울했던 적이 있을 것이다. 차가운 사람이 아닌데 무척 냉정하고 딱딱한 사람으로 보는 경우, 밝고 긍정적인 사람인데 어둡고 우울한 사람으로 보는 경우, FM 같은 사람인데 좀 노는 이미지로 보는 경우처럼 말이다. 솔직히 나 역시 이런 이미지 불일치 현상을 겪으며 혼란스러웠던 때가 있었다. 이런 혼란 없이 확실한 자신의 이미지 정체성이 확립되려면 우선 '나는 누구인지, 내 인생의 목표는 무엇인지, 내가 하는 일의 소명의식과 삶에 대한 가치관은 무엇인지, 어떤 삶을 원하며 사람들에게 어떤 사람이고 싶은지' 등 자기 자신에 대한 많은 고찰이 있어야 하겠다. 단순히 커리어 측면에서의 꿈이 아닌, 진정으로 원하는 삶과 자신의 모습에 대한 분명한 목표가 있어야 한다. 그리고 그 방향으로, 나의 내면과 거기에서 우러나온 목소리, 외적인 모습과 태도, 화법 등이 일관성 있게 나올 때 비로소 '내가 생각하는 나'로 온전하게 사람들에게 인식될 수 있다.

자신의 분야에서 전문인으로 우뚝 자리매김하고 싶다는 욕심, 주변의 많은 사람들과 좋은 관계를 맺고 행복하고 싶다는 소망, 멋진 남자와 로맨틱한 사랑을 하고 싶다는 청춘의 꿈, 그러한 꿈과 목표를 위한 자기관리의 시작이 바로 이미지 메이킹이다. 자신의 삶을 사랑하고 진정 아끼는 자만이 삶 전반에 걸친 이러한 노력도 할 수 있는 법이다.

우리는 아름다움을 추구하며, 아름다워질 권리가 있는 여성이다. 아름답지 않은 여성은 없다. 아름답게 보이는 방법을 모르는 여성이 있을 뿐이다. 남성과 달리 머리끝부터 손끝, 발끝까지 조금만 노력하면, 조금만 더 부지런해지면 지금보다 훨씬 예뻐질 수 있다. 그럼에도 게으름과 귀찮음을 핑계로 노력하지 않는 자, 아름다워질 자격이 없으며 사랑받을 자격 또한 없다. 세상에 존재하는 두 개의 성, 남성과 여성. 서로 끌리는 이유는 서로 다르기 때문이다. 남성이 남성다울 때 그 매력이 최고조가 되듯, 여성이 여성다울 때 가장 눈부시게 빛이 난다.

한번은 큰 강연 무대에서 나보다 열 살 이상 많은 한 유명한 여성 강사의 강연 모습을 보며 넋이 빠진 적이 있다. 보디랭귀지에 관한 강의였고, 그녀는 그저 몸에 잘 맞는 검은색 스커트 정장을 입고 있었을 뿐이데, 바른 자세, 절도 있는 제스처와 다양한 표정, 그리고 스커트 아래로 보이는 곧은 다리 등이 여자인 내가 보기에도 참 섹시해 보였다. 여성성이 비단 남성에게만 어필하는 것이 아닌 하물며 '강의'를 할 때도 큰 매력으로 작용한다는 점을 깨닫고는 그때 이후로 강연 무대에서의 내 모습에 더 신경을 쓰게 되었다.

서른이 넘어서며 급격하게 아줌마스럽게 변하는 여성들을 보면 안타깝다. 나이를 먹는다고 무조건 아줌마가 되는 것은 아니라고 생각한다. 생물학적으로 나이가 드는 것과 내면의 여성성을 유지하는 것은 전혀 다른 문제다. 나이 예순 살이 넘어서도 아름다운 미소를 간직하고 있던 오드리 헵번처럼 나이가 들수록 그 우아함과 부드러움, 품격이 묻어나는 여성이 되고 싶다. 서른다섯인 내가 보기에 20대 초중반의 여성들은 막 피어오른 꽃봉오리처럼 예쁘다. '아, 그때로 돌아갈 수만 있다면……' 하고 부러운 탄식이 새어나온다. 인생에서 가장 아름다운 시기, 축복받은 시기에 한숨이나 푹푹 쉬며 나태하게 방바닥에나 뒹굴고 있으면 안 된다. 세상에 당당하게 아름답게 나가보라. 용기를 내보라. 세상은 그런 당신을 원한다.

:: 내가 멋진 서른 가지 이유

"내가 나를 사랑하기 시작하면, 세상도 나를 사랑하기 시작한다." - 혜민 스님

내가 가진 장점, 자신에 대해 마음에 드는 점 등 내가 멋진 이유를 서른 가지 정도 찾아보자. 서른 가지 찾기가 어렵다면 열 가지, 스무 가지도 좋다. 내가 세상에서 가장 사랑하고 아껴야 할 사람은 바로 '나 자신'이다. 오해가 없길 바란다. 안하무인격의 자아도취, 나르시시즘이 절대 아니다. 진정한 자기애를 말하는 것이다. 당신이 당신 스스로를 사랑하고 있다는 것을 인식하고, 그렇게 행동할 때 다른 사람 역시 당신을 존중하고 아끼게 되어 있다. 자신을 사랑할 수 있는 사람이 다른 사람도 기꺼이 사랑할 줄 아는 법이다. 또한 스스로에게 만족하고 당당할수록 말하지 않아도 뿜어 나오는 빛나는 아우라가 있다. 이러한 자신감이 깔렸을 때 몸에 걸치는 의상 역시도 더 자연스럽고 멋져 보이기 마련이다. 당신은 지금 충분히 아름답고 멋지고 매력적이다. 그것을 발견하려고 노력하지 않았을 뿐이다.

:: 손도 말을 한다

"움직이는 손은 그 자체가 생각의 거울이다." — 이노미

과학자들은 신체 각 부위를 연결하는 신경망 중에서 손과 뇌를 연결하는 신경망의 수가 가장 많기 때문에 손의 움직임과 모양은 사람의 감정 상태를 가장 잘 전달한다고 말한다. 신체의 다른 어떤 부위보다도 많은 '이야기'를 전달하는 것이 바로 '손'인 것이다. 사람들은 저마다 자주 사용하는 손의 움직임이나 모양이 있다. 누군가 유난히 자신감이 넘쳐 보이거나 독특한 매력이 있다는 생각이 들면, 그의 몸짓이나 손짓을 대화중에 자세히 관찰해보기 바란다. 분명 그 사람만의 색깔이 드러나는 제스처가 있다.

나 역시 TV를 보거나 다른 사람들을 관찰하면서 내게 어울리는 제스처에 대해 고민해왔고, 그것을 카메라 앞에서 혹은 강연 무대에서 과감하게 사용해왔다. 그중 몇 가지 유용한 것들을 알려주고 싶다.

자신이 진실하다는 것을 보여주고자 하는 사람은 "정말이라니까!", "내가 안 했어!" 등의 말을 할 때 흔히 손바닥을 상대에게 보여주는 제스처를 무의식적으로 쓴다. 손바닥을 펴 보이면 진실하고 솔직한 사람이라는 인상을 주기 때문이다. 반면 상대에게 거짓말을 하거나 사실을 숨길 때는 손을 호주머니에 넣거나 팔짱을 껴서 숨기게 마련이다.

또 같은 손이라도 손바닥이 위로 향하느냐, 아래로 향하면서 손등이 보이느냐에 따라서도 그 느낌은 크게 달라진다. 다음 그림처럼 손바닥을 위로 향하는 자세로 지시를 내리면 상대방은 강요당하는 것이 아닌 부탁을 받는다는 느낌으로 받아들이게 된다. 반면 손바닥을 아래로

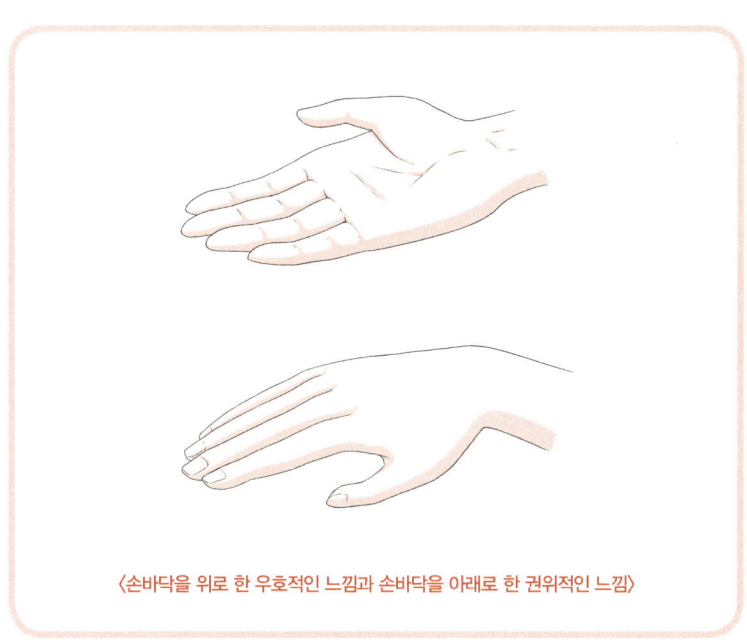

〈손바닥을 위로 한 우호적인 느낌과 손바닥을 아래로 한 권위적인 느낌〉

향하면서 지시를 내리면 상대는 강압적인 느낌에 반감이 들 수 있다.

그래서 나는 대화를 나누거나 상담을 나눌 때도 내 손바닥을 보여 주고, 손바닥을 내밀면서 상대의 이야기를 유도하는 제스처를 자주 사용한다. 강의를 할 때도 양팔을 크게 벌리면서 "여러분~" 하고 부를 때나, "~하시죠?"라고 질문하면서 답변을 얻고자 할 때도 이 제스처를 적극 활용한다.

그리고 손동작을 할 때 유의해야 할 점은 엄지손가락을 제외한 네 개의 손가락은 가지런히 붙여야 한다는 점이다. 업무를 하다 보면 손님을 맞이하고, 어떠한 장소로 정중히 안내해야 할 때가 많은데, 다음 그림처럼 네 손가락을 붙인 것과 쫙 벌린 채 자세를 취한 것은 느낌이 전혀 다르다. 가지런히 모은 것이 훨씬 정돈되고 세련된 느낌을 전달한다. 프레젠테이션을 할 때도 아래와 같은 동작을 취하며 스크린을 지시할 때가 많은데, 이때도 손가락을 붙이는 제스처의 법칙은 그대로

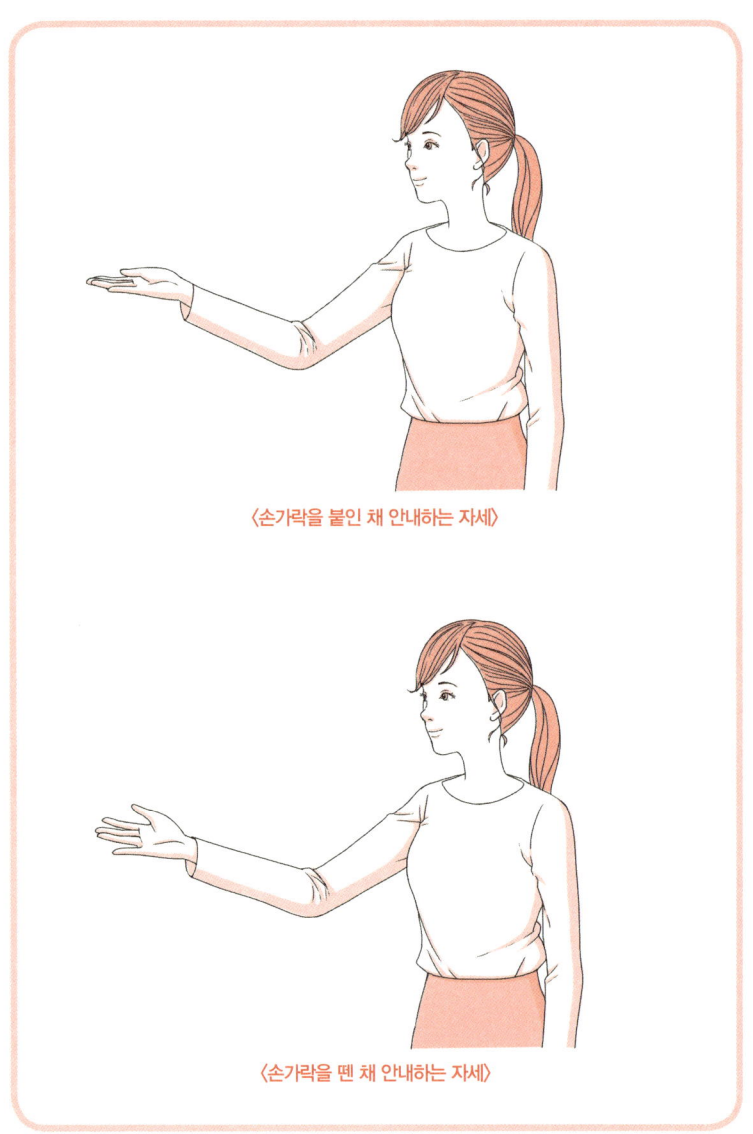

〈손가락을 붙인 채 안내하는 자세〉

〈손가락을 뗀 채 안내하는 자세〉

적용된다.

  안내할 때 양팔을 모두 사용할 수 있으나 왼쪽으로 안내하고자 할 때는 왼팔을, 오른쪽으로 안내하고자 할 때는 오른팔을 사용하는 것이 좋다. 그래야만 가슴 부분이 개방되는 열린 자세가 자연스럽게 취해지며, 더불어 손등이 아닌 손바닥을 상대에게 보여주게 되어 우호적인

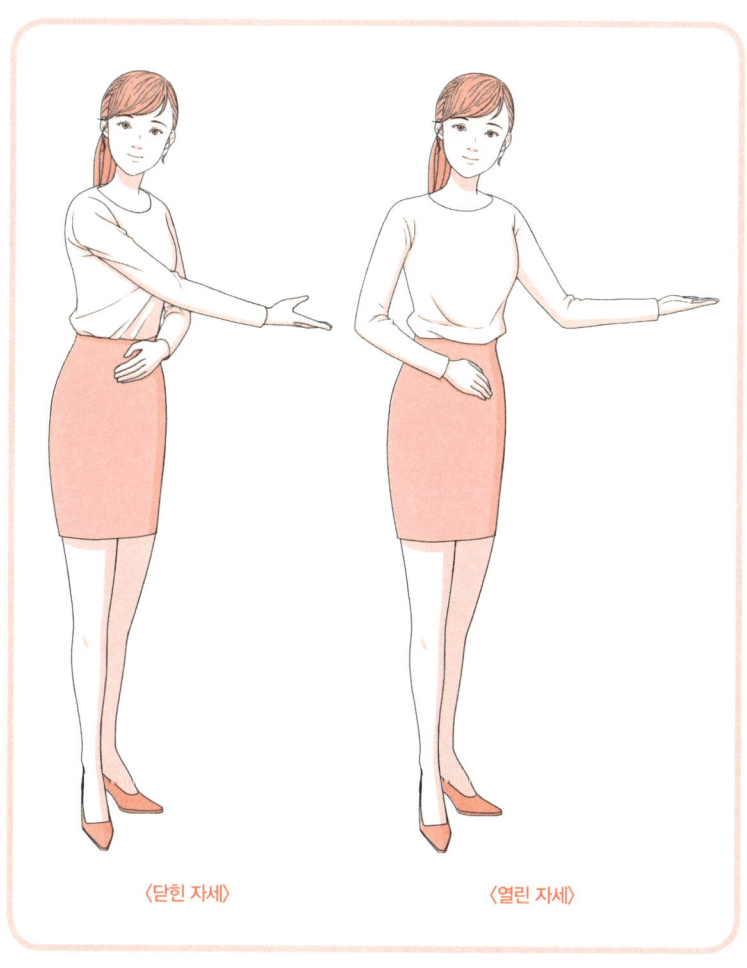

〈닫힌 자세〉　　　　　〈열린 자세〉

느낌을 전할 수 있게 된다.

그리고 모든 제스처에는 절도가 있어야 품격이 살아난다. 무언가 산만하고 정돈되지 않은 사람들을 보면 제스처도 작고 빠르며 절도가 없다. 그저 정신없이 의미 없는 몸짓과 손짓을 남발하고 있는 것 같다. 자신감이 넘치고 확신이 넘치는 사람일수록 제스처는 크고 확실하며, 잠깐의 멈춤이 있기에 정제된 품격이 느껴진다. 또 손과 팔을 사용할 때는 안쪽에서 바깥 방향으로 뻗어서 마치 앞에 있는 사람을 열린 마음으로 환영하는 듯한 긍정의 제스처를 자주 취하는 것이 좋다. 대화할 때도 적당한 움직임을 곁들이면 상대의 흥미를 높이고 경청을 유도할 수 있으므로 숫자나 부피, 분량 등을 표현할 때 손동작을 적극 사용해보자. 이러한 제스처를 일상생활에서 활용하다 보면 자연스럽게 나만의 제스처가 탄생하고 완성된다.

:: 친근감을 높이는 따뜻한 접촉

"접촉은 단순한 언어를 통한 상호작용보다 훨씬 오래 지속되는 견고한 유대감을 만드는 유용한 도구다." ─토니야 레이맨

'접촉'이라고 하면 흔히 이성 간의 찌릿찌릿 가슴 설레는 스킨십을 먼저 떠올릴 수 있겠다. 그러나 동성 친구나 동료 간에, 혹은 낯선 고객을 대상으로 하는 가벼운 접촉도 끈끈한 유대감을 만드는 데 큰 효과가 있다. 예를 들어 친구와 대화를 나눌 때 친구의 손과 팔뚝을 살짝 만져보자. 그런 짧은 접촉이 만들어내는 내면의 감정에 집중해보면 분명 접촉 없이 말만 하는 것과는 그 느낌이 다를 것이다.

실제로 접촉과 관련된 여러 실험결과를 보면 참 흥미롭다. 도서관 사서에게 책을 대출해줄 때 대출해가는 사람의 손을 살짝 스치라고 지시했다. 그런 다음 도서관 밖에서 책을 대출해 온 사람들에게 도서관의 서비스가 어떠했는지를 묻자 사서가 손을 만진 사람들은 모든 질문에 대해 긍정적인 대답을 했고 심지어 사서의 이름을 기억하는 비율도 높았다고 한다. 또 비슷한 실험으로 슈퍼마켓에서 잔돈을 거슬러 줄 때 손님의 손을 살짝 스치도록 한 결과 고객들이 비슷하게 긍정적인 반응을 나타냈다.

나 역시도 접촉과 관련된 꽤 인상적인 경험이 있는데, 피부과에 상담을 받으러 갔다가 그곳의 코디네이터에게 마음이 확 뺏긴 적이 있다. 그 코디네이터는 보이스 컨설턴트인 내가 보기에도 상당히 안정되고 부드러운 목소리에, 따스한 눈빛, 상대를 배려하는 화법이 완벽히 몸에 배어 있었다. 그뿐만 아니라 어떤 얘기를 할 때 내 손을 부드럽게 잡으며 말을 하는데, 그 순간 경계하는 마음이 사라지고 친근한 이웃 언니를 상대하는 것처럼 마음이 열리는 기분이 들었다. 낯선 사람과의 가벼운 접촉에도 상당한 감정의 변화가 있어서 스스로도 놀라웠다.

연구자들이 말하길 여성의 접촉이 사람들에게 깊은 영향을 미치는 이유는 영유아 시절 엄마와의 편안한 접촉 기억을 떠올리기 때문이라고 한다. 여성과의 접촉이 있었던 사람들은 더 많은 돈을 아낌없이 걸고 소비하는 경향을 보인다고 한다. 나도 코디네이터의 '접촉 전략'에 마음이 동해 적지 않은 돈을 관리비용으로 한번에 결제하고는 뒤돌아서서 무척 후회스러웠다.

이렇게 생전 처음 보는 낯선 사람에게도 통하는 요령 있는 접촉. 하물며 잘 아는 사이, 혹은 관심을 끌고 싶은 사람에게 이런 접촉의 효과를 적절히 끌어내어 활용하면 어떨까? 접촉의 강렬한 힘을 느낀 이후, 나도 누군가에게 친근함을 표시하고 싶을 때에는 손이나 손목, 팔꿈치, 어깨 등을 살짝살짝 두드리거나 건드리곤 한다. 물론 상대의 반응을 살펴가며 상대가 부담스러워하진 않는지, 불편해하진 않는지를 표정이나 몸짓을 보며 재빠르게 눈치 채야 한다. 눈치가 빠르다는 것은 비언어를 잘 읽는다는 뜻이기에 평상시 세밀한 관찰도 필요하다. 특히 신체의 은밀하다거나 소중한 부위와는 거리가 먼, 일종의 '공공장소' 같은 곳으로 간주하는 '팔'을 기억하자. 요령 있고도 부담스럽지 않게 상대의 팔을 만지면 당신이 원하는 것을 얻어낼 확률이 세 배 정도 높아진다. 단, 남성에게는 좋아하지 않으면 만지지 않는 것이 좋다. 단순한 친근함의 표현도 이성적 관심으로 해석해서 오해할 소지가 있으니 말이다.

여성스러운 이미지를
강조하는 제스처

① **머리 쓸어 올리기**

"머리를 쓸어 올리는 너의 모습~"으로 시작하는 노래가 있을 만큼 여성의 인상적인 몸짓 중의 하나다. 마음에 드는 남자가 있을 때 일반적으로 여자들이 가장 먼저 하는 행동이 바로 머리를 뒤로 젖혀서 머리카락을 넘기거나 얼굴에 드리운 머리카락을 쓸어 올리는 제스처다. 청순함을 물씬 풍기는 긴 생머리라면 더욱 주목을 받을 수 있겠고, 그렇지 않은 짧은 머리의 여성들도 즐겨 사용하는 몸짓이다.

② **손등으로 턱 괴기**

소녀같이 청순한 느낌이 물씬 드는 이 자세는 연애를 할 때만큼은 유용한 자세다. 양손을 포개고 손등 위에 턱을 괴어서 남자를 쳐다보면 그를 좋아하고 있다는 느낌이 전해진다. 순정만화 속에 나오는 여주인공처럼, 눈을 동그랗게 뜨고 이런 자세로 남자를 바라본다면, 우쭐해지지 않을 남자는 없을 것 같다.

③ 손목 늘어뜨리기

남성의 보호본능을 자극하기라도 하듯 여성들은 마음에 드는 남성 앞에서 여리고 약한 척을 하게 되는데, 손목을 늘어뜨리는 이 자세도 약한 척하기의 일종이다. 남성들의 관심은 끌어모을 수 있으나, 업무현장에서 이런 자세는 신뢰감을 마구 떨어뜨린다는 점을 꼭 기억해야 한다. 때와 장소에 맞는 제스처 활용의 센스가 필요하다.

④ 손목 보여주기

손목 안쪽은 피부가 예민하고 부드러운 곳 중의 하나인데, 그래서 오래전부터 선정적인 부위로 여겨져 왔다. 그런데 그런 손목 안쪽을 남성에게 보여주는 몸짓을 여성들은 무의식적으로 관심이 있는 남자에게 취한다고 한다. 손목 안쪽에 향수를 뿌리는 이유도 여기에 있다. 손목의 맥박

이 뛰면서 향수의 향기를 널리 퍼뜨려서 남자가 향기를 맡도록 하는 것뿐만 아니라 향기를 따라 자연스럽게 여성의 손목 안쪽으로 시선을 주게끔 하기 위해서다.

⑤ **고개 옆으로 기울이기**

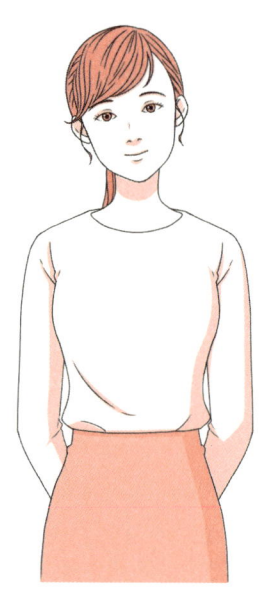

고개를 옆으로 비스듬히 기울인 자세는 급소에 해당하는 목의 측면을 드러내면서 몸을 작아 보이게 만들기 때문에 약하고 여린 느낌을 준다. 아기가 부모의 어깨나 가슴에 이런 모습으로 머리를 기대지 않는가. 여성들은 마음에 드는 남자한테 관심을 표시할 때 고개를 옆으로 기울이면서 자신의 연약함, 여성성을 드러내는 데 이 모습에 남자는 매력을 느낀다고 한다. 단, 남자와 업무를 함께하거나 협상을 하는 공적인 자리에서는 고개를 옆으로 기울이는 것보다 바로 들고 있는 것이 더 좋겠다.

⑥ **다리 꼬아 앉기**

신체 골격의 구조상 남성들은 취하기 어려운 자세이기 때문에 평행하게 다리를 꼬아서 앉는 자세는 여성성이 크게 부각이 된다. 이렇게 한쪽 다리를 다른 쪽 다리 위에 포개어 놓으면 두 다리가 훨씬 건강하고 젊어 보이며, 특히 다리를 비스듬히 놓으면 길고 가늘어 보이는 효과까지 있다. 하지만 항상 이렇게 다리를 꼬고 앉는다면 골반이 틀어질 우려가 있으므로 올바른 몸의 균형과 건강을 위해서는 권장하고 싶지 않다. 평상시에는 바르게 앉는 자세를 고수하되, 상황에 따라 여성스러움을 연출하도록 하자.

호감을
높이는 전략

:: **상대의 마음을 여는 따라 하기 전략**

"따라 하기를 하면 함께 있는 사람들의 경계심을 풀 수 있다." – 앨런 & 바바라 피즈

최근 보았던 영화 「내가 고백을 하면」에서 남녀 주인공의 대사 중에 이런 내용이 나온다.

남: 뭐 드실래요?
여: 아무거나요.
남: 그래도 뭐 좋아하시는 거 있을 거 아니에요?
여: 뭐 드실 건데요?
남: 전 아메리카노요.
여: 저는…… 카푸치노요.

남: 저도 카푸치노 마실래요. 여기 카푸치노 두 잔 주세요.

　이제 막 서로에 대한 이성적인 끌림이 생겨 진지한 첫 데이트를 나누는 순간이다. 작은 것 하나를 결정할 때도 서로의 의견을 묻고 또 탐색하는 남과 여. 여자의 '카푸치노'란 말에 바로 자신도 의견을 바꿔 여자와 같은 것을 주문하는 남자. 서로 잘 맞고 마음이 통한다는 것을 은연중에 표시하며 호감을 사기 위해 노력하는 남자의 속마음이 엿보여 피식 웃음이 나왔다.

　행동양식에 관한 연구에 따르면, 같은 감정을 느끼거나 생각이 같을 때 그리고 서로에 대한 신뢰감을 느낄 때 보디랭귀지와 표정이 서로 닮아가기 시작한다고 한다. 따라서 의도적으로 상대의 표정이나 몸짓을 흉내 내면, 이것은 '저를 보세요. 저는 당신과 똑같이 생각하고 똑같이 느끼고 있어요'라고 몸으로 말하는 것이다. 더 나아가 '당신을 존중하며, 좋아합니다'라는 의미이기도 하다. 그래서 상대의 보디랭귀지를 따라 하면 상대는 호감을 느끼며, 당신의 생각을 훨씬 쉽게 받아들이게 된다.

　누군가를 만났을 때 그 사람이 앉아 있는 자세나 몸짓, 몸의 방향, 표정, 말의 속도, 목소리의 높낮이, 말투까지도 비슷하게 흉내를 내보라. 그러면 상대는 당신의 모습에서 자신의 모습을 보기 때문에 신뢰감이 자연스럽게 형성되고, 당신을 편하고 좋은 사람이라고 인식하게 된다. 오랜 연인이나 부부를 보면 마치 오누이처럼 닮은 경우가 많은데 이것은 두 사람이 오랜 세월 동안 서로의 표정을 흉내 내면서 얼굴의 같은 부위 근육을 쓰다 보니 그 부위가 발달하고 변화했기 때문이다.

또 한 가지 재밌는 사실은 우리가 어떤 몸짓을 의도적으로 하게 되면 몸이 정신에 영향을 미쳐서 그 행동과 조화를 이루는 감정 상태를 경험하게 된다. 예를 들어 기분이 우울하고 속상한 일이 있을 때 억지로라도 입꼬리를 올려서 웃으면 나도 모르게 기분이 한결 밝아진다. 또 자신감이 없을 때일수록 등과 어깨를 펴고 당당히 걸으면 내면에서 자신감이 솟아 나오기도 한다. 따라서 의도적으로 다른 사람의 몸짓이나 자세, 표정 등을 흉내 내다 보면 그 사람과 같은 감정이나 생각을 갖게 되고, 그러한 공감이 신뢰로 이어지게 된다. 이렇듯 보디랭귀지의 숨은 파워를 알게 되면, 사람들의 눈짓, 몸짓, 그 어느 것 하나도 예사로이 보이지 않는다. 무의식중에 몸은 진실을 말하고 있기 때문이다.

:: 품격이 묻어나는 자세와 걸음걸이

"여성의 섹시함은 무엇을 신었느냐에 달린 것이 아니라 어떤 자세를 보이느냐에 달렸다." —마크 제이콥스

아름다운 외모를 가꾸고자 하는 여성들의 욕망은 오로지 얼굴에만 쏠려 있는 것이 아닌가 하는 생각이 든다. 물론 얼굴이 그 사람을 대변하는 요소이기에 얼굴 이미지는 중요하나, 그것이 단순히 눈, 코, 입 등의 얼굴의 생김새, 피부 상태만으로 결정되는 것은 아니다. 얼굴에서 가장 중요한 것은 인상을 만드는 '밝고 따뜻한 표정 이미지'이며, 얼굴을 포함한 전체적인 몸의 인상을 좌우하는 것은 바로 자세와 걸음걸이다. 어딘지 모르게 우아하고 아름다운 여성은 가만히 보면 자세가 상당히 곧고 걸음걸이가 단정한 것을 볼 수 있다. 얼굴이 아무리 예뻐

도 자세가 구부정하고 어깨가 축 처진 상태에 팔자로 걷는다면 좋은 이미지가 반감되는 건 사실이다.

예전에 방송국 재직 시절, 한 여자 선배의 걸음걸이를 보고 '아, 저 선배는 외모와는 달리 왜 저렇게 팔자로 씩씩하게 걷는 거지? 나는 절대 그러지 말아야지!' 하고 다짐한 적이 있다. 그런데 몇 년이 지난 후, 현장 리포팅을 하며 찍은 촬영분을 엄마와 함께 방송을 통해 보고 있었는데, 놀랍게도 TV 속의 내가 그 선배보다 더한 팔자걸음으로 유유히 걷고 있는 것이 아닌가. 엄마 역시 깜짝 놀라셨고, 방송을 통해 수많은 사람이 내 못난 걸음걸이를 봤을 것을 생각하면 숨고만 싶었다. 그런데 애석하게도 그 방송분은 케이블을 통해 여러 채널에서 수도 없이 방영되었다.

어릴 적 책상 앞에서 구부정하게 앉아 공부하던 버릇과 약간 휘어진 다리 때문에 의식하지 않으면 지금도 금세 미운 자세와 걸음걸이가 튀어나온다. 그럴 때마다 주의를 주는 사람은 다름 아닌 엄마와 여동생이다. 친한 친구인들 "너 자세가 너무 구부정해. 걸음걸이를 좀 더 여성스럽게 해봐" 같은 말을 해 줄 정도로 나에게 관심을 갖는 이도 드물며, 또 설상 안다 하더라도 상대가 혹여 기분이 상할까 봐 이런 얘기는 하지 않기 마련이다.

사람들은 의외로 자신의 자세나 걸음걸이에 무신경하다. 한번은 내가 작정을 하고 주변 젊은 여성들의 자세나 걸음걸이는 관찰해보았는데, 참으로 다양한 모습들이었다. 등과 허리를 굽힌 채 굽실굽실 걷는 사람, 무릎을 굽힌 채 종종걸음으로 걷는 사람, 큰 보폭으로 남자처럼 성큼성큼 걷는 사람, 건달처럼 몸을 건들거리며 걷는 사람, 종달새를 연상하듯 사뿐사뿐 걷는 사람, 발레리나처럼 천천히 우아하게 걷는 사람 등등 열거하자면 그 모습이 수도 없이 다양했다.

그리고 참 신기한 건, 그런 몸의 자세에서 나오는 표정이나 목소리도 그와 일치한다는 사실이었다. 굽실거리며 걷는 사람은 실제 항상 주변의 눈치를 살피고 말도 조심스럽게 하며, 성큼성큼 걷는 사람은 실제 성격도 남자처럼 화끈하다. 또 사뿐사뿐 걷는 사람은 늘 귀엽고 예쁘게 말을 하며, 우아하게 걷는 사람은 언제나 몸가짐과 목소리에 여성스러움이 배어난다. 자세와 걸음걸이에서 그 사람의 인격이 묻어 나오고 있었다. '저는 이러이러한 사람이에요'라는 것을 사실 우리는 온몸으로 보여주고 있는 셈이다. 그럼 당신은 어떠한 이미지를 갖길 원하는가? 기본적으로 바르고 곧은, 아름다운 자세는 누구나 원할 것이다. 다음의 몇 가지 자세와 걸음걸이 훈련으로 내 몸의 이미지, 품격을 바꿔보자.

① 바르게 서 있는 자세

평상시에 신는 5~8cm 정도의 하이힐을 신고 전신 거울 앞에 서서 내 몸의 자세와 균형을 관찰하며 자세를 보다 바르고 아름답게 만들어보자.

- 평소 자세가 굽은 사람은 먼저 벽에 몸을 밀착시켜보는 훈련이 필요하다. 발뒤꿈치와 엉덩이, 양어깨, 머리가 벽에 닿도록 해본다. 이때 허리 부분은 손바닥이 들어갈 정도의 간격이 있어야 바른 자세다.
- 턱은 몸 쪽으로 약간 당기고 시선은 정면을 향하는데 정면보다 10cm

정도 위의 지점을 바라보면 눈매가 예쁘게 연출된다.
- 팔은 어깨에서부터 자연스럽게 내려서 손은 가볍게 반쯤 주먹을 쥐고 바지 옆선이나 치마 옆 재봉선에 살짝 닿도록 한다.
- 아랫배는 살짝 긴장시켜 안으로 집어넣고 엉덩이는 들어 올리는 듯한 기분으로 서며, 양쪽 허벅지 안쪽과 무릎을 붙인다.
- 양발의 뒤꿈치를 마주치게 한 상태에서 각도는 시곗바늘로 11시 5분 정도가 되도록 벌리고 무게 중심이 발바닥 전체에 골고루 분산되도록 한다.

〈한쪽 발을 반쯤 뒤로 빼면서 서 있는 모습〉

앞의 그림은 일반적으로 방송인들이 카메라 앞에 설 때의 자세다. 이처럼 스커트를 입고 하이힐을 신었을 때 한쪽 발을 반쯤 뒤로 빼면서 두 무릎과 허벅지를 붙여서 두 다리 사이에 틈이 보이지 않도록 해야 다리가 훨씬 길고 날씬해 보인다. 걸그룹 소녀시대의 다리처럼 종아리와 허벅지가 일자로 늘씬하게 쭉 뻗으면 좋으련만, 안타깝게도 나 역시 상체에 비해 통통한 허벅지와 종아리가 콤플렉스라서 자세에 더욱 신경을 쓰게 된다. 한쪽 발을 뒤로 빼는 자세는 특히 사진을 찍을 때도 유용하니, 꼭 몸에 익혀서 활용해보자.

② **바르게 앉는 자세**
상체는 서 있는 자세와 동일하게 등줄기를 꼿꼿하게 세우는 것이 핵

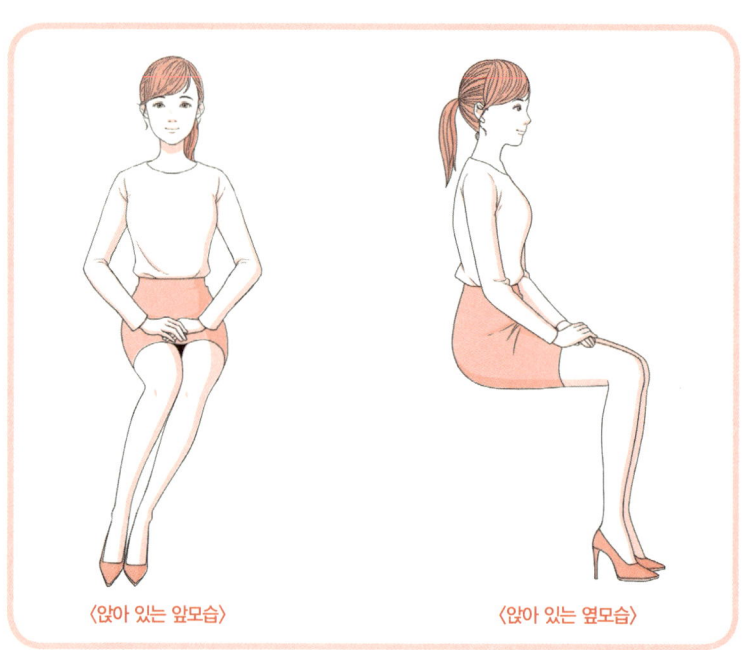

〈앉아 있는 앞모습〉　　〈앉아 있는 옆모습〉

심이며, 엉덩이를 의자의 안쪽 깊숙이 들여놓으며 등이 의자 등받이에 살짝 닿게 앉는다. 이때 주의할 것은 두 무릎을 붙여 가지런히 다리를 모아주어야 하며 무릎과 동시에 양발도 모아주어야 한다. 그리고 다리는 한쪽으로 비스듬히 놓아주면 훨씬 자태가 여성스럽다.

③ 몸의 맵시를 결정하는 올바른 걸음걸이

- 가슴을 펴고, 등줄기를 세운 다음 아랫배에 살짝 힘이 들어간 자세를 유지한다.
- 걸을 때의 중요한 포인트는 다리 사이가 벌어지지 않도록 해야 한다는 점이다. 양 무릎 안쪽이 살짝 스치면서 스타킹의 사각사각 소리가 나는 느낌이 들 정도로 걸으면 된다.
- 모델처럼 X자로 걸으면 골반이 틀어지게 되고 몸의 균형을 잡기가 어려워 뒤뚱거릴 수 있다. 무릎을 붙이고 선 자세에서 일자로 발을 내딛으면, 양발 사이에는 5~10cm 정도의 간격이 생기기 때문에 이 간격을 유지하면 자연스럽게 11자 걸음이 만들어진다.
- 상체는 활짝 편 자세를 유지하면서 골반과 다리로만 걷는 느낌으로 걷는다. 골반 위에 상체가 놓여 있다는 느낌으로 걸으면, 다리의 움직임을 따라 상체가 앞으로 쏠리지 않는다.

여성은 스커트를 입을 경우, 걸음걸이에 더욱 신경을 써야 한다. 그렇지 않으면 짧은 스커트에 하이힐을 신고서 뒤뚱뒤뚱 구부정한, 혹은 다리를 벌리고 걷는 민망한 모습을 연출할 가능성이 높다. 스스로를 품격 있는 여성이라 생각한다면 우선 등을 곧게 펴자. 발레리나의 우아한 몸짓을 떠올려도 좋고, 런웨이를 활보하는 멋진 슈퍼모델의 당당함을 연상해도 좋다. 자신이 처한 상황에 따라 우아한 걸음걸이든 활기찬 걸음걸이든 그것은 당신의 판단에 맡긴다. 중요한 것은 곧은 등과 힘을 준 아랫배, 일자 워킹임을 기억하라!

:: 호감을 전달하는 눈 맞춤

"사람의 눈은 혀만큼이나 많은 말을 한다. 게다가 눈으로 하는 말은 사전 없이도 전 세계 누구나 이해할 수 있다." – 랄프 왈도 에머슨

눈은 인간의 오감 가운데 가장 예민한 감각기관으로 감각영역의 약 70%를 차지한다고 한다. 말은 속일 수 있어도 눈빛은 속일 수 없다. 아주 찰나의 시선이라도 우리의 무의식은 그 눈빛의 의미를 읽어낼 수 있다. 사랑을 담은 눈빛인지, 존경의 눈빛인지, 아님 경멸이나 무시하는 눈빛인지, 눈빛 하나로도 온 감정이 드러난다. 눈빛을 보고 있으면 상대의 속내를 그만큼 많이 알 수 있으며, 실제로 눈을 들여다보면 그 사람이 어떤 사람인지가 느껴질 정도로 눈으로 다양한 것들이 표현되고 전달된다. 당신이 무엇보다 사람들의 눈에 집중해야 하는 이유, 그리고 자신의 눈빛에 관심을 둬야 하는 이유가 여기에 있다.

그런데 지극히 내향적인 사람 중에는 사람들과의 눈 맞춤조차 쑥스러워 피하는 경우가 종종 있다. 시선을 피하면서 눈을 내리깔고 말하는 경우 혹은 먼 곳을 바라보면서 얘기하는 경우인데, 이런 습관은 반드시 개선해야 한다. 눈을 맞추면서 상대방과 나의 감정, 생각을 교류

하는 것은 커뮤니케이션에서 기본 중의 기본이다. 눈을 맞추지 않으면 소통 자체가 불가능하다.

반대로 대화를 나눌 때 눈을 바라보라고 해서 정말 눈만 뚫어져라 바라보는 사람도 있다. 눈 깜빡임조차 거의 없이 빤히 바라보면 솔직히 상당히 부담스럽고, 정도가 심한 경우 불쾌하기까지 하다. 만일 낯선 사람이라면 이 사람이 나를 해하려는 것이 아닐까 하는 두려움마저 느끼게 된다. 따라서 상대방의 얼굴을 바라보되 상대방이 불편함을 느끼지 않는 편안한 눈 맞춤을 하는 요령이 필요하며, 방법은 다음과 같다.

우선 자신의 시야 안에 상대의 얼굴 전체를 담고 있으면서 초점을

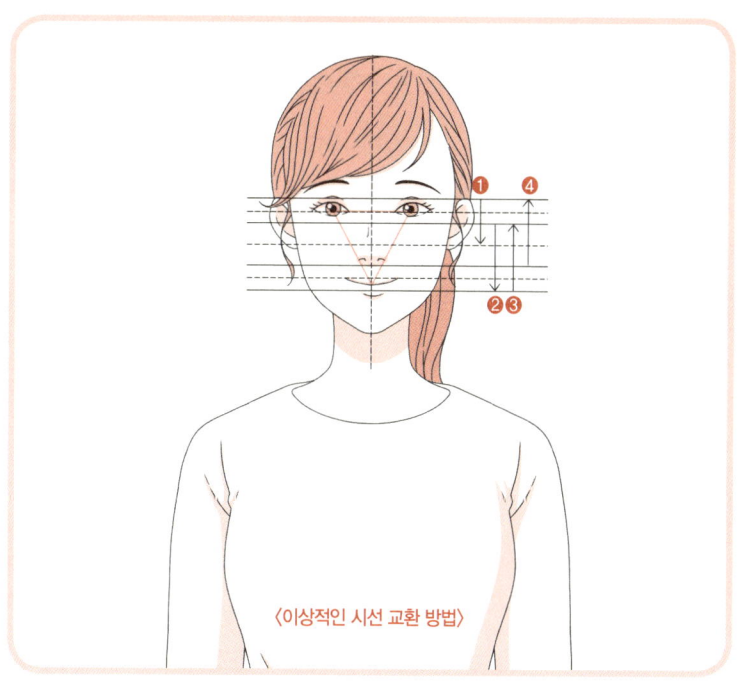

〈이상적인 시선 교환 방법〉

처음 눈에서 시작하여 코 부위, 입 부위로 점차 내려오면서 자연스러운 시선을 주도록 한다. 그리고 다시 입 주변에서 코로, 코 주변에서 눈과 눈언저리로 옮겨가면서 시선의 초점을 맞추면 상대방을 편안하게 만들어주는 호의적인 눈 맞춤이 된다. 즉 두 눈과 입을 삼각형으로 연결하는 부분을 번갈아가며 편안하게 바라보면, 진정으로 경청하고 있다는 느낌을 전해줄 수 있다.

그리고 상대방이 이야기를 끝내면 눈을 들여다보고 셋을 센 후에 말을 시작하라. 그러면 당신이 상대의 말에 온전하게 몰입했고, 사려 깊게 반응하고 있으며, 한 마디 한 마디를 확실히 이해했다는 인상을 줄 수 있다. 이러한 3초간의 여유는 방금 말을 끝낸 사람에게 큰 보상이 되어준다. 대화를 나눌 때, 상대방이 내 이야기를 잘 들어주고 있다는 느낌을 받으면 어떤가? 상대에게 고마움을 느끼면서 마음을 활짝 열게 된다. 내 생각과 감정에 대해 더 많이 편하게 이야기하게 된다. 그리고 중요한 것은, 내 이야기를 듣고 있는 그 사람을 매력적이라고 생각하게 된다는 점이다. 한편 남성을 설레게 하는 여성의 행동을 물었을 때, 1위는 다름 아닌 '나를 보고 활짝 웃어줄 때'라는 결과가 나왔다. 따뜻한 눈 맞춤과 환한 미소가 남성의 마음을 두근거리게 하는 것이다. 자신에게 최고의 미인은 얼굴이 예쁜 사람, 몸매가 끝내주는 사람이 아니라 '나를 보고 웃어주는 사람'이라는 것, 의미심장하지 않은가. 누구나 최고의 미인이 될 수 있다!

미소가
나를 살린다

∷ 세상에서 가장 따스한 언어, 미소

"사람의 웃는 얼굴은 햇빛과 같은 친근감을 준다." – 위게너 벨틴

얼마 전 모 여성지에서 '여성이 죽기 전 반드시 해야 할 것들'이라는 주제로 세 가지 정도를 얘기해달라는 인터뷰 요청을 받았다. 나는 잠시 고민을 하다 그 세 가지로 자신만의 전문성 갖추기, 매력적인 목소리 만들기, 아름다운 미소 훈련을 꼽았다. 그러고 보니 이 책의 구성 순서와도 일치한다. 여성의 외적 이미지 중에서도 가장 많은 의미를 담고 있으며 최강의 영향력을 차지하는 것은 바로 다름 아닌 표정이라고 생각하기에 나는 '아름다운 미소 훈련'을 주저 없이 강조하고 싶다.

우리가 누군가를 떠올릴 때 머릿속에 그려지는 이미지는 단연 첫 번째가 얼굴인데, 얼굴을 통한 표현은 80여 종의 근육으로 7천 가지 이

상의 표정을 만들 수 있을 만큼 무궁무진하다. 과연 우리는 일상생활 속에서 얼마나 다양한 표정을 지으며 살아가고 있는지 한 번 반문해 볼 일이다. TV 속의 배우가 특별히 예쁘거나 잘생기지 않았는데도 엄청나게 매력적으로 보일 때가 많다. 그 이유는 마음속의 온갖 감정을 그대로 미세하게 표현하는 다양하고도 생동감 넘치는 표정 때문이다. 치아를 환하게 드러내며 웃는 U자형 입매, 웃으면 아래로 살짝 처지는 눈꼬리, 역삼각형의 자잘한 주름이 생기는 코 찡그림, 눈썹의 미세한 움직임 등 표정은 얼마든지 역동적일 수 있다.

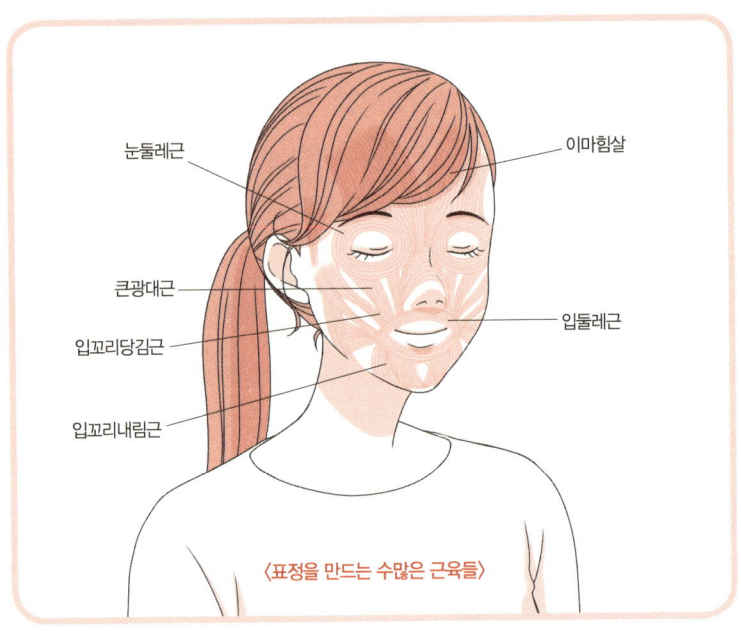

〈표정을 만드는 수많은 근육들〉

20~30대 젊은 여성들이 나를 많이 찾아오는데, 안타깝게도 간혹 표정의 변화가 하나도 없는 무표정의 여성들을 마주할 때가 있다. 얼굴

생김새가 예쁘고 안 예쁘고를 떠나 무뚝뚝하고 뚱한 표정은 매력지수 빵점이다. 예쁜 얼굴도 못나 보인다. 저런 표정으로 사회생활은 가능한지, 연애를 할 수는 있는지, 진심으로 걱정스러운 마음을 담아 상담을 하면서 조심스레 묻게 된다.

"혹시, 표정 때문에 오해를 사는 일은 없나요?"

그럼 백발백중 고개를 끄덕인다. 자신의 마음과 다르게 표정이 없다 보니 사람들이 자신을 항상 화난 사람으로 오해한다고 한다. 반면 눈부시게 환하고 아름다운 미소를 가진 여성들도 많다. 그 웃는 모습을 보는 순간 가까이 다가가고 싶은 거부할 수 없는 매력을 가진 여성들. 우리는 모두 그런 여성이 되길 소망하지 않는가!

특히 미소에 자신 없는 젊은 여성들이 표정 때문에 가장 고민하는 경우는 일생에 단 한 번뿐인 '웨딩촬영'을 할 때다. 최상의 아름다움을 뽐내며 사랑하는 남자와 눈부신 드레스를 입고 찍은 웨딩앨범은 비록 자주 들춰보게 되지는 않더라도 평생에 남는 추억거리다. 내 친구 중 한 명은 고르지 못한 치아를 보이는 게 싫어 어릴 적부터 손으로 입을 가리고 웃는 버릇이 있다. 그러다 보니 평상시 친구들과 사진을 찍을 때도 늘 입은 다물고 있는 밋밋한 표정이다. 그런 친구가 결혼을 앞두고 웨딩촬영 때 대체 어떻게 웃어야 좋을지 모르겠다며, 도움을 요청해 왔다.

입꼬리가 올라가는 멋진 U자형 입매를 만들면 당연히 치아가 드러나게 되어 있다. 그래서 치아가 고르지 못하거나 치아 색이 예쁘지 않은 경우 자꾸 입을 다물고 웃는 버릇이 생긴다. 만약 남들이 보기에 흉할 만큼의 콤플렉스라면 치과에 가서 치아교정이나 미백, 치아성형 등을 받는 것도 아름다운 미소를 위해 크게 도움이 된다. 반면 치아의 모양이나 색이 보기에 크게 나쁘지 않은 정도라면, 스스로도 '이 정도는 괜찮아. 문제없어'라고 생각하며 치아 드러내기를 두려워하지 말아야 한다.

내 친구의 경우에는 남들이 보기엔 별문제 없는데 혼자서만 신경 쓰고 부끄러워하길래 그 점을 일깨워주었다. 스스로 당당하면 아무도 너의 콤플렉스 따위는 신경 쓰지 않는다는 점을 말이다. 그리고 손으로 입을 가리면서 웃는 것이 더 어색하고 남들의 시선이 입으로 더욱 집중될 수 있다는 것을 얘기해주었다. 그러고는 웃는 얼굴의 포인트, U자형 입매를 만드는 훈련을 함께 거울을 보면서 해보니 어렵지 않게 입꼬리가 올라가며 미소가 점점 자연스러워졌다. 미소 훈련 덕에 결혼 사진 속의 친구는 이 세상 누구보다 예쁜 미소로 치아를 드러내며 행복하게 웃고 있었다.

또한 퍼블릭 스피치를 하는 데도 자신감 넘치는 부드러운 미소는 필수적이기 때문에 나의 강의 안에 미소 훈련은 거의 빠지지 않고 들어간다. "자, 여러분. 부끄럽지만 저의 과거를 공개합니다"라는 긴장감을 조성하는 멘트를 하며 나는 2001년 아나운서 지망생 시절 처음 찍었던 프로필 사진을 공개한다.

〈2001년 첫 프로필〉

사진을 보는 순간 여기저기서 피식피식 웃음이 새어나온다. 미소 훈련이 필요한지도 모를 때였다. 그저 얼굴이 갸름하게 나오고 싶어 턱을 있는 대로 목 쪽으로 당기고, 눈을 크게 보이고 싶어 커다란 블랙서클렌즈를 끼고는 눈을 위로 치켜뜨고 있다. 입은 웃고 있을지 몰라도 입을 가려보면 알겠지만, 눈은 절대 웃고 있지 않은 거짓 미소를 띠고 있는 것을 볼 수 있다. 스물셋, 그땐 이 사진이 그토록 어색한 표정인지도 모른 채 첫 프로필이라며 자랑스럽게 친구들에게 자랑하며 다녔고, 이력서에 떡하니 붙여서 제출하곤 했었다.

그 후 방송을 하며 다행히도 내 표정은 점점 밝고 따뜻하게 변해갔다. 방송에 나온 내 모습을 단 하루도 빠짐없이 모니터하던 습관 덕분에 진짜 미소를 어느 순간에라도 짓는 방법을 배우게 되었다. 어색하거나 좋지 않은 표정 습관들, 예를 들어 상대의 얘기를 집중해서 들을 때 인상을 쓴다거나 입이 뚱하게 나온다거나 혹은 자꾸 눈썹을 추어올리는 습관들을 화면 속에서 발견할 때마다 '다음번에 절대 저런 표정은 짓지 않을 거야!' 하면서 의식적인 노력을 기울였다.

그리고 시간이 날 때면 거울을 보며 내 얼굴을 세심히 관찰했고, 얼굴 근육들을 단련하며 다양한 표정 짓기 연습을 했다. 특히나 리포터와 광고모델 활동을 하면서는 얼굴 클로즈업이 많았기에 멋진 풍광을 보고 감탄하는 표정, 맛있는 것을 먹을 때 맛을 음미하는 표정, 벅찬 행복감을 느끼는 환희의 표정 등을 연구하고 연습했으며, 이를 카메라 앞에서 자연스럽게 연기했다.

또 내가 닮고 싶은 미소를 가진 사람을 떠올리는 것도 도움이 많이 되었다. 10년 전, 긴 공백기를 깨고 배우 고현정 씨가 「봄날」이라는 드라마로 복귀하면서 기자회견에서 보여줬던 그 순수하고 맑은 미소가 뇌리에서 오랫동안 잊히지 않는다. 그래서 그 당시에도 그렇고 지금도 그 미소를 떠올리며 닮고자 연습한다. 롤모델로 삼는 표정 이미지를 자주 보면서 머리로, 마음으로, 얼굴의 근육으로 기억해보자.

다음 사진은 2008년에 찍은 프로필 사진이다. 이전 사진보다 표정이 훨씬 부드럽고 따뜻해진 것이 보이지 않는가. 입과 동시에 눈도 웃는 자연스러운 미소를 갖게 되었다. 그리고 현재는 나의 부드러운 미소에 카리스마를 입히려고 노력 중이다. 그래서 사진을 찍을 때 포즈 역시도 양손 끝을 마주 대고 세우는 자세를 자주 취하는데, 이는 자신감이나 확신에 찬 태도를 나타낸다. 이렇게 보디랭귀지에 관심을 기울이면, 전략적으로 자신의 이미지를 좀 더 강화하고 보완할 수 있다.

자, 자신의 표정을 한번 객관적으로 점검해보자. 내 마음, 내 감정 상태를 고스란히 드러내는 내 얼굴 표정은 어떤가? 내가 생각하는 만큼 다른 사람들이 볼 때도 예쁜 표정일까? 내 얼굴을 내가 보는 시간은 사실 하루 중 채 몇 분이 되지 않을 것이다. 대부분의 시간, 내 얼굴은 다른 사람에게 더 많이 보인다. 따라서 내가 모르는 표정이 더 많을 수

〈2008년 미소〉(왼쪽)
〈2012년 미소〉(오른쪽)

밖에 없다.

　순간순간 다양한 표정을 컨트롤하기 위해서는 내 얼굴 근육의 변화를 스스로 느끼고 조절할 줄 알아야 한다. 앞서 밝혔듯이 표정이란 얼굴에 있는 80여 개의 근육이 움직여 만들어지는 것이다. 따라서 신체의 다른 근육과 마찬가지로 단련하면 표정은 변하게 되어 있다. 이제부터 하루 3분, 아침에 세수를 마친 후 거울을 보면서 표정 훈련을 해보자.

:: **나만의 매력적인 표정 찾기 훈련**

　　"미소는 가장 영향력을 주는 유일한 것이다." – 디어도어 루빈

　다음에 제시된 나만의 매력적인 표정 찾기 훈련 5단계를 통해 사람들에게 가장 영향력을 미치는 멋진 미소를 만들어보자. 준비물로는 벽걸이 거울과 나무젓가락이 필요하다.

[1단계]

　벽걸이 거울 앞에 서서, 눈을 감고 자신이 정말 이루고 싶은 것, 자신이 되고 싶은 모습 등을 머릿속에 그려보자. 어렵게 생각하지 말고 뭐든지 자유롭게 상상의 나래를 펼쳐보는 것이다. 기분이 아주 좋아져서 가슴이 두근거릴 때쯤에 눈을 뜨자. 어떤가? 최고로 행복한 지금의 표정을 기억하자.

[2단계]

미소의 가장 큰 포인트는 U자형 입매다. 따라서 입 주변의 근육들을 확실히 풀어주는 것이 중요하다. 이를 위해 '히, 헤, 하, 호, 후'를 입 모양을 최대한 크게 하면서 소리를 내보자. 양옆으로 입꼬리를 최대한 당겨서 '히', 입술을 V자로 만든다는 생각으로 '헤', 정면으로 입을 크게 벌리고 '하', 입술을 최대한 동그랗게 만들면서 '호', 입술을 앞으로 쑥 내밀면서 '후'. 자, 이렇게 '히, 헤, 하, 호, 후'를 복식호흡과 발성을 적용하면서 다섯 번 크게 외쳐보자.

[3단계]

이어서 나무젓가락을 반으로 갈라 입에 물어보자. 우리 몸은 대칭을 이룰 때 아름다움이 가장 빛나기 때문에 이를 위해 나무젓가락을 사용해보는 것이다. 나무젓가락을 입에 물고 입꼬리에 바짝 댄 상태에서 양 입꼬리를 한껏 올려 입꼬리가 올라가게 만들어본다. 그 상태로 7초간 지속한 뒤, 나무젓가락을 빼고 이어서 7초간 지속한다. 비대칭으로 내려가 있는 입꼬리를 이러한 방법을 통해 뇌가 얼굴 근육의 느낌을 기억할 수 있도록 만들어주는 것이다. 세 번 이상 반복해보자.

[4단계]

앞서 보이스 트레이닝을 하면서 연습했던 '음~~~' 공명연습을 미소 훈련에도 적용해볼 수 있다. 평소의 표정을 딱딱한 무표정이 아닌 "음~~" 하면서 입을 부드럽게 다물고 입꼬리는 살짝 올린 상태를 만들어보는 것이다. "음~~~좋아~", "음~~멋져~", "음~~아름다워~"와 같이 평상시에 "음~~~" 마스크 공명법을 연습하면서 부드러운 미소 훈련도 병행한다면 금상첨화겠다. 이 훈련은 하루 중 어느 때라도 자주 연습해보자.

[5단계]

　수줍은 듯 작은 미소, 활짝 핀 꽃과 같은 큰 미소, 귀여운 미소, 상큼한 미소, 유혹적인 미소 등등 미소의 종류만 해도 수도 없을 것이다. 그중 내가 벤치마킹하고 싶은 표정 사진을 벽에 붙여놓은 상태에서 혹은 머릿속으로 떠올리면서 거울을 보며 그 표정을 지어보자. 그리고 이때 눈빛도 함께 연습을 해보자. 눈이야말로 신체 부위 중에서 가장 표현이 풍부한 곳으로 미소를 지을 때 눈은 더욱 반짝이는 것처럼 보인다. 나의 감정을 오롯이 눈빛으로만 표현한다는 생각으로 연습을 해보는 것도 좋겠다.

　뭐니 뭐니 해도 여성스러움이 최고로 발휘되는 매혹적인 표정은 사랑에 빠졌을 때, 사랑하는 사람을 바라볼 때의 표정이라고 생각한다. 방송인을 지망하는 학생들을 훈련시킬 때, 이렇게 말하곤 한다.

　"카메라 렌즈를 사랑하는 남자친구라고 생각하고 바라보세요."

　그러면 어느새 입매는 살짝 올라가고 볼살이 볼록해지며, 눈은 귀여운 초승달이 되고 만다. 이렇게 두세 달 훈련을 하다 보면 뚱하고 어색했던 표정은 사라지고, 평상시에도 발랄하고 활기찬 표정으로 바뀌는 것을 볼 수 있다. 굳이 카메라를 들이대는 순간이 아니더라도 내가 멋진 표정을 만들고자 할 때면 어느 때라도 상상 속의 그 표정을 순간적으로 연출할 수 있는 사람이 되어보자. 매력을 극대화해줄 미소는 오로지 자신만의 노력으로 찾고 만들 수 있다. 하루 3분, 세수를 마친 후 말끔해진 얼굴을 보며 매일 미소 훈련만 해도 당신의 하루는 활기참으로 가득해질 것이다.

:: 스스로 진단해보는 미소 체크 포인트

"사람의 웃는 모양을 보면 그 사람의 본성을 알 수 있다." – 도스토옙스키

① 눈은 초승달 모양으로 웃는가?

입만 웃고, 눈이 웃지 않으면 억지로 웃는 거짓 웃음이 되고 만다. 눈을 초승달 모양으로 만들며 웃음을 지으면 눈꼬리가 내려오면서 천진난만한 어린아이 같은 미소가 만들어진다.

입을 가려도 웃고 있는 느낌이 들게끔 눈웃음을 연습해보자.

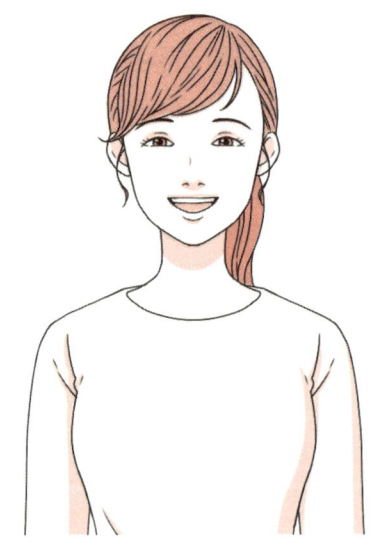

② 웃을 때 볼살이 위로 탱탱하게 올라가는가?

양 입꼬리를 당기면서 웃을 때 볼살이 위로 통통하게 올라가면 훨씬 좋은 느낌의 미소가 된다. 또한 볼살이 위로 당겨질 때 초승달 모양의 눈웃음도 잘 만들어진다. 거울을 보면서 볼살을 움직이지 않고 미소를 지어보면, 웃어도 웃는 게 아닌 것처럼 보인다. 자연스러운 미소를 위해서 볼살을 탱탱하게 올려보자.

③ 환하게 웃을 때 윗니 6개 이상이 보이는가?

입꼬리를 올리고 윗니를 계속 보이며 말하기는 아나운서나 승무원 지망생들이 미소 연습을 할 때 가장 어려워하는 점이다. 하지만 입꼬리 주변의 근육을 계속 단련시키며 훈련을 하다 보면 평상시 말할 때도 윗니가 시원하게 드러나는 아름다운 미소를 가질 수 있다. 또한 말을 할 때 윗니와 함께 아랫니가 많이 보이지는 않는지 반드시 점검해보자. 아랫니가 자주 드러나면 표정이 밝아 보이긴 하나 어딘지 모르게 기품이 없어 보인다.

④ 얼굴의 좌우가 균형을 이루고 있는가?

웃을 때 눈썹과 눈의 움직임, 더불어 양 입꼬리가 일정하게 올라가면서 대칭을 이루고 있는지 꼭 체크해보자. 의외로 입이 삐뚤어지는 사람, 한쪽 눈썹만 올라가는 사람 등 미소가 균형을 이루지 못하는 경우가 꽤 있다. 거울을 보면서 잘 올라가지 않는 쪽의 근육을 손으로 올리고 유지하는 등의 동작을 반복하며 근육에 그 감각을 자연스럽게 익히자.

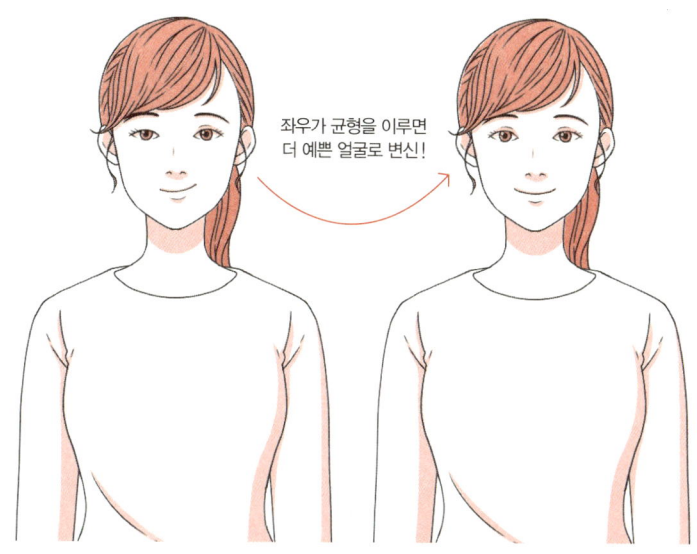

:: 환한 미소와 가슴은 같은 방향으로

"가슴은 대화에 필요한 제2의 얼굴이다." - 시게타 미유키

지금까지 훈련한 멋진 미소는 단순히 표정뿐만이 아니라 가슴과 함께 활짝 펴 보였을 때 그 시너지 효과가 상당하다. 즉 얼굴과 가슴은 하나의 방향으로 함께 움직여야 한다. 예를 들어 뒤에서 누군가 나를 불렀다고 하자. 이때 고개만 돌려서 얼굴만 보이는 사람과 상반신도 함께 돌려서 가슴이 보이는 사람, 어느 사람이 더욱 따스하고 매력적으로 보이겠는가?

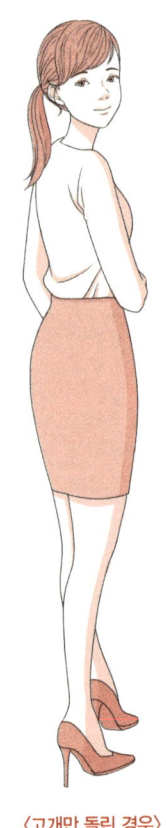 

〈고개만 돌린 경우〉　　　〈상반신까지 돌린 경우〉

당연히 얼굴과 가슴이 함께 보이는 오른쪽의 사람이다. 가슴 부근에 있는 뜨거운 심장, 마음을 보여주는 사람이 진실한 사람으로 느껴진다. 다리는 그대로 두더라도 허리를 돌려서 상반신이 역삼각형으로 보이게 돌아보는 것이 좋다. 왼쪽 사람처럼 누군가 불렀을 때 고개만 픽 돌린다면 '나를 무시하는 것 같아', '귀찮게 생각하는군' 같은 부정적인 느낌을 상대방에게 불러일으킬 수 있으니 주의해야 한다.

평상시 뒤를 돌아볼 때뿐만 아니라 발표 같은 퍼블릭 스피치를 할 때도 얼굴과 가슴의 한 방향 법칙은 그대로 적용이 된다. 특히 많은 청중과의 고른 눈 맞춤을 하면서 소통을 해나갈 때, 나의 정면에 있는 사람을 볼 때는 큰 문제가 없다. 그런데 양측에 있는 사람들을 바라볼 때는 무심결에 고개만 돌려 얼굴만 향하는 경우가 많다. 이때도 고개가 아닌 상반신을 모두 향해 늘 가슴이 그들에게 열려 있는 느낌으로 자세를 취해야 한다.

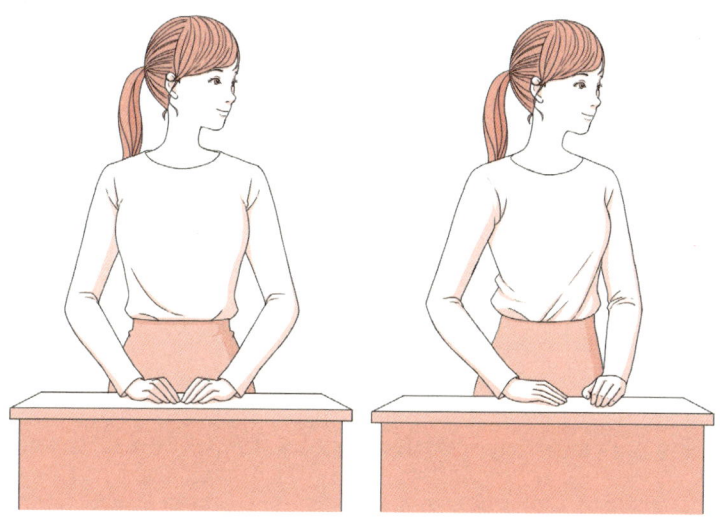

〈고개만 돌리는 경우〉　　〈상반신까지 함께 향하는 경우〉

스포트라이트를
받는 전략

:: **위치가 이미지를 결정한다**

"생각 없이 아무 자리에 앉거나 상대를 앉혀서는 안 된다." – 앨런 & 바바라 피즈

어느 위치에 앉는지, 어떤 방향으로 상대방과 서서 이야기하는지에 따라 상대방이 당신에게 느끼는 이미지가 달라진다는 사실을 아는가? 그저 비어 있는 자리에 되는 대로 앉는 것이 아니라, 선택의 여지가 있다면 조금은 전략적인 접근으로 상대에게 우호적인 이미지로 비치도록 하는 것도 필요하다. 예를 들어 다음과 같은 자리 배치가 있고 이미 A라는 사람이 앉아 있을 경우, 다음의 각 상황에서 당신은 어떤 자리에 앉을 것인가?

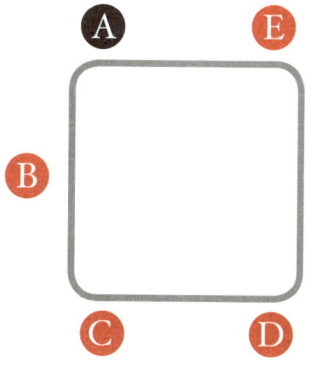

① 도서관 같은 공공장소에서 다른 사람의 방해를 받고 싶지 않다면?
② 경쟁자와 바둑이나 포커게임을 하고 있다면?
③ 숙제를 하는 친구를 도와주고 있다면?
④ 취업면접을 보는 상황이라면?
⑤ 만일 A가 남자친구라면?

최상의 자리 선택은 다음과 같다.

① D ② C ③ E ④ B ⑤ E

먼저, 도서관 같은 공공장소에서는 다른 사람의 방해를 받고 싶지 않은 심리가 크게 작용할 것이다. 따라서 되도록 멀리 떨어진 자리를 선택하는 것이 집중하기에 더 쉽다. 그리고 누군가와 정면으로 마주하고 있다는 것은 경쟁적 혹은 방어적인 위치를 의미한다. 서로의 얼굴과 행동이 그대로 드러나기 때문에 상대방이 자신의 시야에 너무 많이 들어와 압박감과 긴장감이 높아지게 된다. 따라서 경쟁자와 바둑이나 포커게임을 하는 상황이라면 상대를 관찰하면서 경쟁하기 좋은 맞은편 자리가 좋다.

또 바로 옆자리는 가깝기 때문에 서로 친한 사이나 협조적인 사이일 때 거부감이 없다. 따라서 숙제하는 친구를 도와줄 때나 남자친구와 있을 때는 옆자리에 앉으면 친밀감이 높아진다. 마지막으로 취업면접을 보는 상황에서는 일반적으로 면접관 바로 맞은편에 지원자의 자리가 놓이기 마련이다. 면접을 본 경험이 있는 사람들은 알겠지만 면접관 바로 앞에 앉아 자기 생각을 조리 있게 표현하기란 정말 식은땀이 날 정도로 긴장되고 어려운 일이다. 따라서 만약에라도 조금 편안한 분위기의 면접이나 업무상 미팅에서 당신이 위치를 선택할 수 있다면, 맞은편은 피하고 45도 정도의 위치에 앉으면 당신의 마음도 훨씬 편안하고, 상대도 당신을 우호적으로 느끼게 된다.

앞으로 대화를 나누거나 고객에게 제안할 때는 45도 위치를 기억하자. 탁자의 모서리를 두고 45도 위치에서 서로 대화를 나누면 상대와 시선을 교환하기도 편하고 몸짓을 하기도 편하다. 그리고 서서 대화를 나눌 때도 정면으로 서서 이야기하는 사람은 공격적이라는 인상을 줄 수 있으므로 다음 그림처럼 45도 위치로 서서 말하면, 공격적으로 보이지 않으며 자신감 있고 목표지향적인 사람으로 보인다. 말을 걸기가 어렵거나 칭찬하는 것에 서툰 사람은 45도 위치에서 미소로 다가가면, 상대가 먼저 웃으며 편하게 말을 걸어올지도 모른다.

〈45도 위치로 서서 대화하기〉

:: 자신감을 끌어올리는 옷을 입어라

"옷이란 나를 나 자신일 수 있게 만드는 것이다." – 지아니 베르사체

 사람을 처음 만났을 때, 눈에 들어오는 것은 당연히 상대의 얼굴과 입은 의상이다. 얼굴의 표정을 보면 나에게 호의적인지 적대적인지, 또 지금 어떤 감정 상태인지 바로 파악이 된다. 그리고 의상을 보면 그 사람의 사회적 지위와 경제력, 직업, 성격, 취향, 개성 등 다양한 정보

들을 짐작할 수 있다. 내면만 중요하고 겉모습은 상관없다고 생각하는 사람들도 더러 있다. 그런데 그렇지 않다. 내면과 외모 모두 그 비중을 따질 수 없을 정도로 '나'라는 한 사람을 구성하는 중요한 요소이다. 특히나 한 사람의 내면세계는 긴 시간을 두고 자주 만나면서 대화를 나누지 않는 한 쉽게 파악할 수 없다. 요즘처럼 바쁜 세상에 수없이 많은 사람들과 인간관계를 유지하면서 한 사람 한 사람에게 많은 시간을 할애하긴 힘들다. 그래서 사람들은 그동안 쌓아온 나름의 기준과 경험치를 바탕으로 외모를 비롯한 몇 가지 단서만을 가지고 상대를 판단하는 것이다. 신은 당신의 내면을 보지만, 사람들은 당신의 겉모습을 '먼저' 본다는 점을 반드시 기억하자.

코코 샤넬은 "용모와 복장이 잘 갖추어진 사람은 그 사람의 내면을 보려고 하지만, 용모와 복장이 잘 갖추어지지 않은 사람은 자꾸만 그 사람의 외모만 보려 한다"고 말했다.

참 공감되는 말이다. 나의 멋진 내면을 보여줄 기회마저 초라한 외모 때문에 박탈당한다면 이 얼마나 억울한 일인가. 외모를 매력적으로 가꿔서 그 내면까지도 상대방이 궁금하게 만드는 것, 그것이 지금부터 당신이 할 일이다. 특히나 외모에서 의상의 중요성은 빼놓을 수가 없는데 의상은 즉각적으로 당신을 전혀 다른 분위기의 여성으로 연출해 줄 뿐만 아니라 그날 어떤 의상을 입느냐에 따라 내면의 자신감 정도에도 큰 영향을 끼친다.

낯선 사람들을 자주 만나는 조금 평범하지 않은 아나운서와 강사라는 직업을 갖고 살아온 나는, 내가 걸친 그날의 의상에 따라 다양한 자아가 튀어나오는 것을 경험했다. 예를 들어 운동화를 신고 청바지를 입은 캐쥬얼한 모습으로 촬영을 갈 때면, 나의 걸음걸이는 성큼성큼 활기차고 표정은 어린아이처럼 생기가 넘쳤으며, 목소리 톤은 높고 말의 속도도 빨라지곤 했다. 반면 음악회 MC로서 우아한 드레스를 입고 무대에 서면 나도 모르게 몸가짐이 얌전해지고 느릿느릿한 걸음걸이에 동작에도 여유가 생겼으며, 목소리의 톤은 낮으면서 부드럽게 말을 했다. 또 포멀한 바지 정장을 입고 강의를 할 때는 동작이 크고 절도 있어지면서 목소리도 엄청나게 커지고 표정의 변화가 많아지면서 강사로서의 카리스마를 뿜어냈다. "내 속엔 내가 너무도 많아~" 같은 유행가 가사처럼 그날 나의 목적과 일치하는 의상 연출에 따라 철저히 다른 내가 되는 경험을 수도 없이 했다.

또 스스로 생각하기에 세련되고 멋진 옷을 입었는지 혹은 왠지 모르게 후줄근한 옷을 입었는지에 따라 그날 하루, 나의 기분과 자신감에 끼치는 영향은 대단하다. 2009년 핀란드에서 발표된 한 연구결과에 따르면 여성들에게 자기가 매력적으로 보이는 옷, 보기 안 좋은 옷, 그저 편안한 옷을 입고 무표정한 얼굴을 해보라고 했다. 여자들의 표정을 찍어서 남자들에게 보여주자, 그들은 모두 여자들 스스로가 매력적으로 보인다고 생각하는 옷을 입은 사진이 다른 사진보다 매력적이라고 평가했다. 그런데 놀라운 사실은 남자들은 옷은 보지 못하고 여자들의 얼굴만 봤다고 한다. 무표정한 얼굴로 감정을 감추었다 할지라도 내면의 감정 상태는 이렇게 자신도 모르는 사이에 배어 나오는 것이다.

자, 내일 입을 의상은 오늘 밤 잠들기 전에 미리 골라놓자. 아침에 혹여라도 늦잠을 자서 허둥지둥 대충 입고 문밖으로 나가는 불상사가 없도록. 마음에 들지 않는 엉망인 의상은 온종일 당신의 심기를 불편하게 만들 것이며 자신감을 바닥에 떨어뜨리기 때문이다. 그리고 의상을 고를 때는 다음 날의 '목적'을 반드시 생각하자. 일하러 가는 것인지, 친구들과의 편한 모임이 있는지, 특별한 행사에 참석하는 것인지, 멋진 남성과 데이트할 것인지 등 때와 장소, 상황에 맞는 옷차림은 당신을 돋보이게 해준다. 또, 한 가지 스타일, 비슷한 색상만을 절대 고집하지 말자. 패션잡지를 보며 감각을 키우고, 직접 코디하기 어렵다면 전문가가 코디해 놓은 쇼윈도의 마네킹이 입은 의상을 그대로 구입하는 것도 방법이다. 코디 감각이 썩 좋은 편이 아닌 나는 실제 이 방법을 자주 쓴다. 그리고 다소 과감하다 싶은 스타일이나 튀는 색상도 자주 시도해보곤 한다. 그러면 다양한 나만의 스타일을 구축할 수 있게 된다.

누구나 그렇듯 나 역시 20대 초반의 탱글탱글하던 시절, 내가 나이를 먹는다는 것, 내 피부에 탄력이 떨어져 주름이 생긴다는 것은 상상조차도 못할 일이었다. 나와는 상관없는 일인 줄 알았다. 그랬던 나였기에 스물일곱의 어느 날, 한쪽 입가에 미세하게 잡힌 팔자 주름을 처음 발견하고 적잖이 당황하던 그 순간을 잊을 수 없다. 스물다섯을 넘기면서 누구나 노화현상을 서서히 겪게 되므로 오늘이 내 인생의 가장 젊은 날일 수밖에 없다. 그래서 내일보다 하루라도 젊은 오늘이 소중하며, 오늘을 내 인생의 가장 예쁜 날로 만들고 싶다는 생각을 자주 한다. 자신감 넘치는 아름다운 오늘을 만들고 싶다면, 누구에게든 싱그러운 미소를 보낼 당당함을 갖고 싶다면, 나만의 스타일을 완성하는 의상에 더 세심한 관심을 기울여보자.

:: 외모 콤플렉스는 누구나 있다

"우리의 발목을 잡는 것은 우리의 실제 모습이 아니라 자신이 설정한 못난 모습이다."
—바바라 월터스

스물세 살, 아나운서가 되겠다며 고군분투하던 시절, 방송아카데미에서 카메라 테스트를 하면서 처음으로 TV 속 내 모습을 보고는 경악을 금치 못했다. 인형같이 예쁜 얼굴과는 거리가 멀다는 것은 예전부터 알고 있었으나 이 정도일 줄은 몰랐다. 특히나 실제의 모습보다 가로로 더 확대되어 보이는 브라운관의 특성상 내 얼굴의 옆 광대는 더욱 도드라져 넙데데한 큰 바위 얼굴 같았고, 쌍꺼풀이 없는 눈은 화면에서 마치 보이지 않는 것처럼 작고 못생겨 보였다. 엄청난 미인은 아니었지만 그렇다고 못난 얼굴은 아니라고 생각하고 살았는데 이건 웬걸, 조금 과장해서 못난이 하나가 TV 속에 서 있는 것 같았다.

외꺼풀 눈이었지만 작은 눈은 아니었기에 나름의 매력이 있다고 생각했다. 그런데 TV에 나오는 아나운서가 되기에 외꺼풀 눈은 결코 예뻐 보이지 않았다. 누구도 개성으로 봐주지 않을 터였기에 절망스러웠다. 성형이란 건 살면서 생각해본 적이 없던 내가 그 길로 성형외과에 달려갔고, 쌍꺼풀 수술 날짜를 바로 잡았다. 그리고 얼마 후, 자연스럽게 예쁜 쌍꺼풀 라인이 생겼고, TV 속 나의 눈은 예전보다 조금은 커 보였다. 하지만 옆으로 발달한 광대는 차마 뼈를 깎는 고통까지 감행하며 수술을 할 엄두가 나지 않아 포기했다.

그러고 나서 방송사에서 고정 프로그램을 하나둘 시작할 무렵, 내 관심은 이번엔 온통 낮은 콧대에 살짝 퍼진 '코'로만 집중되었다. 다른 방송인들이 TV에 나올 때도 코만 바라보게 되고, 특별할 것 없는 평범한 코가 갑자기 너무나 못나 보여 매일같이 고민했다.

'코를 세울까 말까? 성형을 하면 더 예뻐질까? 어색해질까?'

하루 종일 이 생각만 하다 보니, 방송을 모니터할 때도 내가 진행자로서 프로그램을 얼마나 잘 소화하는지 보는 것이 아니라, 오로지 코만 보는 것이었다. 그런데 어느 순간, '아, 이래서는 안 되겠다'는 생각이 번쩍 들었다. 방송 실력을 쌓을 생각은 안 하고 오로지 외모에만 신경 쓰는 내가 한심하게 느껴졌다. 사람들은 사실 다른 사람의 얼굴을 볼 때 눈, 코, 입을 하나씩 뜯어서 보지 않는다. 전체적인 느낌, 조화, 인상 등을 본다. 내 얼굴의 장점은 특별히 튀는 곳 없이 조화롭게 어우러지면서 나름의 분위기가 있다는 점인데 코만 오뚝하게 세우면 어색해질 것 같았다. 그때 코 수술을 하지 않은 건 천만다행이라는 생각이 든다. 내 코는 그때나 지금이나 변함없지만, 지금은 크게 신경 쓰지 않는다.

쌍꺼풀 수술은 했으나 눈 밑 길이가 다소 짧아서 화면에는 여전히 눈이 작아 보인다는 점과 낮은 콧대, 퍼져 보이는 콧방울, 이러한 나의 외적 콤플렉스를 해결하기 위해 내가 찾은 방법은 '메이크업'이었다. 십여 년 전에도 여대 근처에 가면 화장품 가게에서 메이크업을 배울 수 있는 곳은 많았다. 4회에 걸쳐 개인 지도를 받으며 내 얼굴의 단점을 극복할 수 있는 메이크업 기술을 손에 익히자 화면에 비치는 내 모습도 점점 나아졌다. 아이라인을 어느 정도의 굵기로 얼마나 길게 빼주는지, 어떤 모양의 속눈썹을 어떻게 붙이는지, 짙은 섀도로 눈 주변을 어떻게 세심하게 메어주는지에 따라 눈의 크기와 모양은 얼마든지 바뀐다. 또 얼굴에 음영을 주는 갈색 섀도를 활용해 눈썹 앞머리부터 코끝까지 자연스럽게 세우고, 미간과 콧등에 밝은색 하이라이터로 터치해주면 코가 훨씬 작고 오뚝해 보인다. 또 이마 양쪽과 발달한 옆 광대도 섀도로 윤곽을 잡아주면 얼굴이 좀 더 작아 보인다. 여성이 메이크업을 할 수 있다는 점은 축복이다. 제대로만 하면 화장발의 효과는 포토샵만큼이나 놀랍다. 평범한 사람도 전문가의 손길이 가 닿으면 한순간 연예인 부럽지 않은 여신으로 탈바꿈할 수 있는 게 메이크업이다. 20대라면 한번쯤은 메이크업에 관심을 갖고 배워두자. 평생을 요긴하게 활용할 수 있다. 나는 메이크업을 배우고 나서는 방송국 카메라 테스트를 볼 때도 또 실제 방송을 할 때도 협찬이 없는 한 내가 직접 헤어 스타일링과 메이크업을 다 하고 다녔다. 뭐든 관심이 있는 만큼 보이고, 더 잘할 수 있게 되는 것 같다. 또 내가 아는 만큼 전문가에게도 더 세세하게 요구할 수 있는 법이다.

나는 이러한 과정들을 거치면서 외모 콤플렉스에서 어느 정도 벗어났는데, 아나운서를 준비하는 나의 제자들은 어릴 적 나처럼 똑같은 고민을 하고 있는 모습을 종종 본다.

"선생님, 아나운서가 되려면 꼭 성형수술을 해야 하나요? 방송 아카데미 같은 데 가보면 먼저 성형수술부터 권유해요. 성형이 필수인가요?"

이런 질문을 받을 때마다 참 난감한데 내 생각은 이렇다. 내가 방송인이 되기 위해 어쩔 수 없이 쌍꺼풀 수술을 했던 것처럼 객관적으로 보아 정말 누가 봐도 눈에 띄는 콤플렉스라면 물리적 힘을 통해 더욱 아름답게 만드는 것도 하나의 방법이다. 결과가 좋으면 심리적인 자신감 상승의 효과까지 덤으로 얻을 수 있다. 하지만 성형이 필수라는 생각, 수술하면 계속 더 예뻐질 수 있다는 생각이 위험한 것 같다. 그냥 예뻐 보이긴 하지만 진짜 예쁘진 않은 얼굴, 즉 자연스러운 아름다움이 없는 어색한 예쁜 얼굴이 되어버릴 수 있다. 보톡스를 맞아 환한 미소를 짓지 못한다면? 웃는데 한쪽 얼굴이 일그러진다면? 인상 자체도 크게 변할 수 있을 뿐만 아니라, 성형 부작용도 심심찮게 알려진 만큼 성형은 정말 신중해야 한다.

인구 대비 성형시술 건수를 집계한 조사에서 세계 1위를 차지한 대한민국은 성형 공화국이라고 불린다. TV 속 연예인들의 모습은 누가 누군지 알아볼 수 없을 정도로 획일화된 얼굴이 되어가고, 특히나 요즘 아나운서들은 그 모습이 너무나 비슷하다. 뉴스를 보면 표정 없는 예쁜 인형 같다는 느낌이 들어 안타까울 정도다. 비단 방송에 나오는 특정한 사람들 이외에 일반인들도 점점 획일화되긴 마찬가지다.

어쩔 수 없이 직업상 혹은 취업 때문에 성형을 하게 되더라도 남과 다른 자신의 독특한 개성과 장점이 살아나면서도 성형한 티가 나지 않는 자연스러운 성형을 했으면 한다. 성형에 있어서만큼은 욕심내지 말고 얼굴형과 눈, 코, 입의 조화, 균형, 대칭을 살펴가면서 약간씩만 수정하는 정도면 좋겠다. 특히나 성형도 패션처럼 유행이란 것을 타는데 유행을 따라서 얼굴을 몇 년마다 고칠 수는 없지 않은가.

세상에 자신의 외모에 완벽하게 만족하는 사람이 어디 있으랴. 하물며 당대 최고의 미인으로 꼽히는 여배우들을 인터뷰한 기사만 봐도 다들 한두 가지씩의 외모 콤플렉스가 있다고 고백하는 것을 보면, 무척 얄밉기도 하지만 그게 사실인가 보다. '아름다움에 관한 기준에 완벽한 객관성이란 없다. 주관성이 개입되는 것이 당연하고, 이것 역시 나의 개성이야!'라고 생각하면서 당당해지면 남들도 그렇게 생각한다. 사실 사람들은 남의 콤플렉스에 그다지 관심 없다. 나 혼자서만 괜한 콤플렉스에 끙끙대며 열등감에 괴로워할 뿐이다. 내가 그랬듯 하나의 콤플렉스에 집중하다 보면 나의 장점은 잊어버리고 마는 엄청난 실수를 저지르게 된다. 콤플렉스는 또 다른 콤플렉스를 낳는다. 열등감이 아닌 나만의 장점, 나만의 개성, 나만의 아름다움을 찾는 노력이 필요하다. 앞서 내가 멋진 이유 서른 가지 적기는 괜히 해본 것이 아니다.

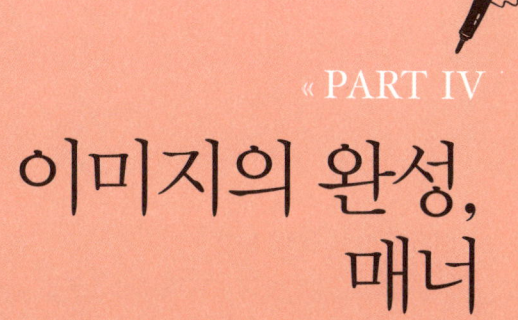

« PART IV

이미지의 완성, 매너

매너의 첫 단추,
인사

:: **매너의 다른 이름, 배려**

"나쁜 매너는 이성도 정의도 깨뜨리고 만다. 세련된 매너는 싫은 것도 좋은 것으로 보이게 한다." -타자르 그라시안

이미지를 형성하는 여러 가지 요소인 긍정적인 내면세계, 맑고 청아한 목소리, 바르고 아름다운 외모 등에 대해 앞서 많은 얘길 했다. 그리고 마지막으로 내가 정말 강조하고 싶은 것이 있는데, 그것은 다름 아닌 '매너'다. 사람들을 끌게 만드는 여러 가지 매력 요소가 있으나, 마지막에 이것 없이는 그 누구도 나의 가치를 인정해주지 않게 된다. 그게 바로 매너다. 흔히들 가십거리로 연예인들에 대한 뒷담화를 하면서 사람들은 누구누구의 '매너 없음'을 욕하는 경우가 많다. 반대로 얼굴이 예쁜 연예인이 매너까지 좋으면 그 칭송은 자자해진다. 인격이 매너라는 행동양식으로 평가받는 것이다.

겉으로 드러나는 행동양식이 뭐 그리 중요하냐, 사람은 다 똑같은 거 아니냐, 그런 척 연기하는 것 아니냐 등등 매너의 중요성을 모른 채 그 가치를 깎아내리는 사람도 있으나, 절대 그렇지가 않다. 왜냐하면 매너의 다른 이름이 바로 '배려'이기 때문이다. 매너가 중요하지 않다고 생각하는 사람은 배려가 없는 사람이라 생각해도 무방하다. 상대방을 존중하고 상대의 감정과 기분상태를 고려하는 마음이 없다면, 매너가 겉으로 자연스럽게 우러나올 수 없으니 말이다.

사람은 100% 감정의 동물이다. 나를 존중해주고 배려해주는 사람에게 더 끌리게 되어 있다. 매력적이고 아름다우나, 당신을 무시하는 사람을 진심으로 좋아할 수 있을까? 올바른 매너를 갖추면 갖출수록 나를 좋아하는 사람은 많아진다. 그리고 그 덕분에 내 마음은 더욱 풍요로워지고, 일적으로도 내게 열리는 기회의 문은 훨씬 넓어질 수밖에 없다.

미국 기업 CEO의 93%가 매너를 성공의 첫 번째 요인으로 꼽을 만큼 매너는 사회생활에서 기본적으로 갖춰야 할 필수요소다. 감사하게도 난 직업의 특성상 방송 인터뷰와 스피치 코칭 등을 이유로 사회적으로 크게 성공한 분들을 만날 기회가 상당히 많았다. 대통령을 비롯한 장관, 재벌총수, 대기업 임원, 각 분야 전문가 들을 만나면, 성공비결이 뭔지 궁금해 하며 행동이나 말 등을 유심히 관찰했다. 흔히들 성공한 사람들은 기가 엄청 세고, 카리스마가 넘치며, 날카로운 무언가가 있을 거라 생각하는 경향이 있는데 내가 만나본 성공자들은 그렇지 않았다. 모두가 부드럽고 따뜻했으며, 무엇보다도 사람에 대한 배려가 남다른 분들이었다. 자신보다 나이가 어리다 하여 절대 낮추어 부르는 일도 없었으며, 오히려 어린 강사 앞에서 허리 굽혀 인사하기를 주저하지 않았다. 이야기를 나누어보면, 세상에 대해 그리고 사람에 대해 따스하고 너른 시선을 가진, 반짝이는 눈빛을 가진 사람들이라는 공통점이 있었다.

예전에 짐 콜린스가 쓴 성공의 정의를 읽고 가슴에 크게 와 닿은 적이 있다.

"성공이란 나이가 들수록 가족과 주변 사람들이 점점 더 나를 좋아하는 것이다."

사실 나도 한때는 목표로 하는 무언가가 되는 데에만 몰두하며, 가족과 친구도 잊고 그저 일만 하고 살던 때도 있었다. 당연히 친구들도 멀어지고 가족과의 관계도 소원해질 수밖에 없었으며, 새로운 사람들과의 '관계 맺기'에도 서툴렀다. 행복하지 않았다. 진정으로 행복한 성공을 맞이하기 위해서는 무엇보다 '관계가 행복해야 한다'고 생각한다. 그리고 사람들과의 좋은 관계를 만드는 기본은 매너의 다른 이름인 배려와 사람에 대한 관심이다.

지금 하는 얘기들은 어찌 보면 누구나 다 아는, 당연한 내용이지만 이렇게 강조하는 이유는 한 가지다. 아는 것과 실천하는 것은 엄연히 다르기 때문이다. 머리로만 알고 있는 것과 가슴으로 느끼는 것은 전혀 차원이 다르다. 20대에 난 머리로만 알고 있었다. 그리고 귀찮다는 이유로 또는 내 성격과 맞지 않는다는 별의별 핑계를 대며 알고 있는 것을 실천하지 않았다. 20대에는 보이지 않던 것들이 30대에는 서서히 보이는 법이다. '조금만 더 일찍 알았더라면, 아니 깨달았더라면, 내 인생길이 조금은 수월하고 더 행복하지 않았을까?'라는 생각을 해본다.

사회가 갈수록 팍팍해지고 메말라간다고들 한다. 그런 건조한 사회에서 매너와 배려, 사람에 대한 관심을 실천하는 사람은 촉촉한 단비처럼 반가운 존재다. 그리고 매너는 삶 속에 자연스럽게 녹아 진정한 자기 것으로 되어야 경쟁력과 생명력을 가진다. 즉, 몸에 밴 매너여야 한다. 앞으로 제시할 여러 가지 사소하지만 중요한 매너를 몸과 마음으로 받아들이겠다는 의지를 갖고 책장을 넘겼으면 한다. 세련된 매너를 갖추고 사람들에게 마음을 다해 다가갈수록 당신의 꿈에 더 가까이, 빨리 다가갈 수 있을 것이다.

:: 인사는 '제가 당신을 보았습니다'라는 신호

"먼저 다가가서 손을 내밀고 인사하는 일은 항상 큰사람이 한다." – 데이비드 슈워츠

"안녕하세요?"

우리가 살면서 가장 많이 하는 말이 아닐까 싶다.

'안.녕.하.세.요'라는 별거 아닌 다섯 음절을 어떤 표정과 태도로, 어떠한 목소리로 표현하느냐에 따라 얼마나 다른 느낌을 주는지 아는가. 이제 막 사회로 발을 내딛는 사회초년생들을 위한 조언의 글들을 보면 하나같이 첫 번째로 꼽는 것이 늘 '인사'인 것만 봐도 그 중요성을 짐작할 수 있을 것이다. 인사(人事)는 한자어 그대로 사람의 일로, 사람이 사람을 섬긴다는 뜻을 지니고 있다. 즉 상대방에 대한 존중의 표현

이며 나아가 가장 쉬운 배려인 셈이다. 이처럼 사람이 해야 할 가장 기본적인 일이면서 동시에 으뜸의 일인 인사는 매너의 첫걸음이 된다.

하지만 사실 나 역시 회사 안에서 막내일 때는 인사가 왜 중요한지, 왜 어른들이 그토록 강조하는지 전혀 깨닫지 못했다. 그런데 내 부하 직원들이 생기고, 그들에게서 주로 인사를 받는 처지가 되다 보니, 사람을 평가하는 기준이 인사로 대체될 정도로 중요하게 여겨진다. 인사하는 모습만 봐도 그 사람의 평소 마음가짐, 태도 등이 고스란히 느껴질 정도다. 실제로 인사를 잘해 처음 만난 사람에게 호감을 사서 좋은 결과를 얻기도 하고, 또는 예의에 어긋난 인사 때문에 면접에서 떨어져 낭패를 겪기도 한다. 그래서 면접을 대비한 훈련에서는 문을 똑똑 두드리고 들어와 제대로 인사하는 연습을 수십 번 반복하게 한다.

인사란 '제가 당신을 보았습니다'라는 일종의 신호이기에 인사를 제대로 하지 않는 사람을 보면, '나를 무시하나?'라는 생각이 단번에 들 수밖에 없다. 톨스토이 역시 "인사하는 것은 경우를 막론하고 부족한 것보다는 지나친 편이 낫다"라고 말했다. 세상 이치에 무엇이든 과한 것은 좋지 않다고 알고 있으나 인사만큼은 예외인 것 같다. 인사를 자주, 많이 한다고 해서 비난받을 일은 없기 때문이다. 가끔은 인사할 타이밍을 놓쳐서 무거운 마음으로 상사의 눈치를 봤던 경험, 혹은 인사를 할까 말까 망설이다가 그냥 지나치면서 어색하고 무안했던 경험이 다들 있을 것이다. 인사는 '제가 당신을 보았습니다!'라는 신호이므로 상대를 보는 즉시 적극적으로 하는 것이 좋다.

여러 사람이 함께 일해야 하는 조직 안에서 사람들은 보이지 않는 감정의 끈으로 연결된 것 같다는 생각이 종종 든다. 그런데 그 끈은 궁정적인 상황일 때보다 부정적인 상황에 더 쉽게 영향을 받는 것 같다. 예를 들어 누군가 아침부터 뚱한 얼굴로 인사도 하는 둥 마는 둥 하면, 그 사람과 인사를 나눈 모든 사람들의 기분이 덩달아 뚱해진다. '뭐지? 기분 안 좋은 일이라도 있나? 나한테 뭐 화난 일이라도 있나?'와 같이 여러 가지 생각이 들며 이내 마음이 불편해지고 만다. 한 취업포털에서 '함께 근무하고 싶은 직원'을 조사했더니 인사 잘하는 사람이 1위로 뽑혔다고 하는데 그 결과가 충분히 이해가 간다.

인사는 상대방에 대해 어떤 마음을 가졌는지 보여주는 외적 표현이다. 누군가 내게 밝게 인사하는데 상대가 나를 싫어할 거라 생각하지 않으며, 누군가 내게 퉁명스럽게 인사하는데 그 사람이 나를 좋아하고 있다고 생각하지 않기 때문이다. 따라서 인사를 할 때는 표정이 무엇보다도 중요하다. '제가 당신을 보았습니다. 당신을 만나서 기쁩니다!'라는 메시지를 표정으로 줄 수 있어야만 제대로 된 인사를 한 것이다. 인사말도 건성으로 하고, 눈도 맞추지 않으며, 무뚝뚝한 표정으로 인사를 한다면 누가 받고 싶겠는가?

항상 열정적으로 열심히 일하는 사람들은 인사할 때의 자세와 표정부터가 확연히 다르다. 늘 생글생글 웃는 표정에 목소리에도 생동감이 넘친다. '저 친구는 항상 활력이 넘치는군! 참 괜찮은 친구야!'라는 생각이 들 수밖에 없다. 한번은 우리 직원 중의 한 명을 불러 이런 말을 한 적이 있다.

"항상 인사를 밝게 해줘서 고마워요. 정말이에요."

인사를 잘하는 게 고마울 정도로, 요즘 젊은 친구들 중에는 인사성이 밝은 사람이 드물다. 아니, 스스로는 잘하고 있다고 생각할지도 모르겠다. 당신이 직장인이라면, 자신의 인사법에 대해 한 번쯤 객관적으로 평가해보길 바란다. 혹시 표정이 없는 무뚝뚝한 인사, 눈을 맞추지 않고 건성으로 하는 인사, 고개만 까딱이는 인사, 고개는 깁스한 것처럼 뻣뻣한 채 입으로만 하는 인사, 무성의한 인사를 하는 것은 아닌지 말이다.

'인사하는 태도' 역시 습관이다. 뚱한 얼굴로 건성으로 인사하는 사람은 거의 항상 그러한 모습으로 인사하며, 밝고 활기찬 미소로 인사하는 사람은 신기하게도 늘 그 모습이다. 항상 기분이 나쁘거나, 항상 기분이 좋기만 한 사람은 세상 어디에도 없다. 즉, 인사하는 습관의 차이다. 이런 작은 습관이 당신의 이미지, 더 나아가 능력까지도 좌지우지하는 커다란 차이가 되어 돌아온다.

어디서나 환영받는 사람, 능력 있고 매력적인 사람이 되고 싶다면, 환하게 웃으며 경쾌한 목소리 톤으로 "안녕하세요!"를 반복 연습해보자. 마음이 우울할 때조차 인사할 때만큼은 습관에 의해서든, 의지에 의해서든 밝은 모습이 나올 때까지 말이다. 내가 내뿜는 긍정적 에너지는 결국 내게 돌아오게 되어 있다.

마음을 움직이는
매너의 기술

:: **마음을 얻는 매너 있는 말하기 3원칙**

"문장은 거기에 쓰이는 언어의 선택으로 결정된다. 평소에 쓰이지 않는 말이나 동료들끼리만 통하는 표현은 배가 암초를 피하는 것처럼 피해야 한다." -율리우스 카이사르

대학에서 불문학을 전공하며 『어린 왕자』를 읽을 당시만 해도 그저 텍스트로 한 줄 한 줄 해석만 했지 마음으로는 이해하진 못했던 것 같다. 시험을 잘 보기 위해 문장을 통째로 외우긴 했으나, 그 의미를 곱씹진 않았다.

친구를 파는 가게 따윈 없으니까 사람들은 친구를 갖지 못하게 되었지. 네가 정말 친구를 원한다면 나를 길들이렴.
-어떻게 하면 되는 거니? 어린 왕자가 물었다.
-아주 참을성이 많아야 돼. 여우가 대답했다.

처음에는 풀밭에, 그래 지금처럼 나에게서 좀 떨어져 앉아 있어.
내가 널 곁눈질로 훔쳐볼 테니까. 너는 아무 말도 하지마.
말은 오해를 많이 불러일으키거든. 하지만 하루하루 날이 갈수록 너는
나에게 조금씩 다가앉게 될 거야.
(생텍쥐페리, 『어린 왕자』 중에서)

그런데 십 년이 훌쩍 넘어 어느 날 오래전 공부하던 손때 묻은 책을 펼쳐 보니 그 짧은 동화 안에는 참으로 많은 진리와 깨달음이 담겨 있음을 발견했다. 진정한 친구를 만들기 위해서는 참을성이 있어야 하며, 말은 오해의 원천이라는 글이 이젠 마음으로 들어옴을 느낀다.

세상에서 가장 조심스럽고 신중하게 다루어야 하는 것이 있다면, 그것은 '말'이라고 생각한다. 가족이나 친구 관계는 물론 이성 교제를 할 때나 사회생활을 할 때도 사람의 마음과 마음을 맺어주는 다리 역할을 하는 것은 다름 아닌 말이다. 서로 사랑하고 미워하고 시기하고 원망하는 대부분의 감정이 말을 통해 생겨난다. 따라서 이 말을 어떻게 하느냐에 따라 사람과의 관계는 즐겁고 유쾌해질 수도 있고, 반대로 서로 미워하고 헐뜯는 불행한 관계가 될 수도 있다. 나이를 떠나 친구가 되기 위해서는 인내심을 갖고 말을 신중하게 해야 한다.

앞서 행복은 '관계의 행복'이 가장 크다고 언급했다. 관계의 행복을 만드는 중심에는 너와 나의 마음을 잇는 '매너 있는 말하기'가 있다. 다음에서 제시하는 세 가지만이라도 일상생활 속에서 실천한다면, 주변 사람들에게 당신은 상당히 호감을 주는 동시에 믿을 만한 사람이라는 이미지를 심어주게 될 것이다.

① 마음으로 듣고 공감하기

　대화를 나누다 보면, 그리 친하지 않은 사람인데도 마음이 스르르 열리며 내 얘기를 다 꺼내 놓을 때가 있다. 평상시 말이 많은 성향이 아닌데도 그 사람 앞에서는 수다쟁이가 되어버린다. 이렇게 내면의 것들을 마구 발산하고 나면 정서적인 카타르시스마저 느끼게 되는데, 신기하게도 그러고 나면 내 얘기를 들어준 상대방이 참 좋아지고 고맙게 느껴진다. 내가 존중받고 이해받고 있다는 생각에 그 사람을 자꾸만 만나고 싶어진다. 이 사람이 가진 가장 큰 매력은 무엇일까? 그것은 다름 아닌, 경청능력이다. 사람의 마음을 활짝 열게 하는 데에는 잘 듣고, 공감하는 것만 한 게 없다.

　스피치 상담을 하다 보면, "선생님, 저는 사람들 앞에서 말을 잘 못해서 고민이에요. 근데 듣는 건 잘해요"라는 얘길 종종 듣는다. 흔히 사람들은 말은 잘 못하지만 듣는 건 잘한다고 생각하는 경향이 있다. 말하기는 적극적으로 해야 하는 행위이기 때문에 어렵지만 듣기는 그저 수동적으로 들으면 되니까 쉽다고 생각하기 때문이다. 하지만 그냥 귀로 듣는 것과 제대로 집중해서 경청하는 것은 굉장히 다르다. 많은 에너지와 집중력을 투자해야 하며, 특히 관심 없는 주제를 들어야 할 때는 집중하기가 너무 어렵다. 또 뭔가 나와 의견이 다르기라도 하면, "아니야. 말도 안 돼! 그건 됐고!"를 외치며 중간에 말을 자르고 반박하고 싶어질 때도 많다. 끝까지 잘 듣는 것은 결코 쉽지 않다. 법정 스님의 "귀 기울여 듣는다는 것은 침묵을 익힌다는 말이다"에서 의미하는 것처럼 익히기 위해 훈련을 해야만 한다.

　그렇다면 올바른 경청과 공감을 잘하기 위해서는 어떻게 하면 될까? 공감이라는 뜻의 'empathy'는 그리스어 'empatheia'에 어원을 두고 있다. 안이라는 의미가 있는 접두사 'em'과 느낌이라는 의미의 'pathos'가 합쳐져 그 사람의 느낌으로 들어간다는 의미를 지닌다. 즉, 상대의 말을 들으면서 그 상황의 느낌을 같이 느끼려고 노력해보는 것이다. 세상에 입장과 상황을 바꿔 놓고 생각해보면 이해하지 못할 것이 없다. 듣는 동안만큼은 입장을 바꿔서 상대가 되어 보는 것, 그래야 진짜 공감이 가능해지며 그 순간 상대의 마음을 어렴풋이라도 가늠하고 이해할 수 있게 된다.

대화의 윤활유라 불리는 맞장구 역시, 이야기 속에 빠져들어 공감했을 때 비로소 "와! 정말? 그래서? 대단해! 맞아! 나도 그래"와 같은 감정이 이입된 감탄사로 나온다. 또 이렇게 말로만 맞장구치는 것이 아니라, 눈을 크게 뜨고 입가엔 미소를 머금고, 고개를 끄덕이는 등의 동작들을 함께하면 '저는 당신의 말을 잘 듣고 있어요. 당신에게 관심이 있어요. 당신 이야기는 매우 흥미롭군요'라는 의미가 자연스럽게 전달이 된다. 그러면 상대는 신이 나서 더 많은 말을 하게 되고, 얘기를 잘 들어준 당신에게 엄청나게 고마운 감정을 느끼게 된다.

그러니 대화를 나눌 때는 굳이 말을 너무 많이, 유창하게 잘하려고 노력하지 않아도 된다. 공감하며 잘 듣는 것이 최우선적으로 필요하다. 그리고 특별한 얘깃거리를 못 찾아 대화가 단절되거나 어색함을 느낄 때에는 상대방이 자랑스러워하는 주제, 즐겁게 대답할 만한 주제로 질문을 하면 된다. 아무리 말이 없는 사람이라도 자기가 좋아하는 주제에는 누구나 수다스러워지기 때문이다. 질문을 던진 다음 당신은 귀를 활짝 열고 마음으로 들으면 되고, 시기적절하게 자신의 이야기도 편안하게 곁들이면 된다.

② 상대를 춤추게 하는 칭찬 요령

상대에게 값비싼 선물을 안기지 않아도 상대의 마음을 천국에 있는 것마냥 기쁘게 만들어 주는 것, 더불어 나도 행복해지는 것. 그것은 바로 진심 어린 칭찬이다. 칭찬은 고래도 덩실덩실 춤추게 만든다 하지 않는가! 가끔은 입에 발린 말인 줄 알면서도 상대의 칭찬 한마디에 배시시 웃게 되는 건 인간이라 어쩔 수 없나 보다. 일본 속담 중에 "따뜻한 말 한마디로 석 달의 겨울이 따뜻하다"라는 말이 있다. 사람의 말 한마디가 혹독한 추위를 녹일 만큼 마음에 따뜻한 불을 지핀다니, 칭찬하는 습관이야말로 반드시 익혀 주변 사람들을 훈훈한 온기로 가득 차게 만들어보자.

관계의 행복을 위한 비결, 칭찬을 잘하기 위해서도 몇 가지 요령이 필요한데, 무엇보다도 상대에 대한 관심에서 비롯된 '관찰'을 잘해야 한다. 이전과 달라진 점, 나아진 점들을 눈여겨봐야 뭐 하나라도 말할 거리가 생기니 말이다. 그래서 일단 사람을 만나면 '뭐 칭찬할 만한 게 없나?' 하면서 우선 상대의 장점을 찾아보려는 노력을 습관화하는 것이 좋다. 그래서 칭찬거리가 있으면 그 자리에서 바로 칭찬하는 게 좋다. 지적이나 충고, 조언을 할 때는 한 번 더 생각하고 신중히 얘기해야 하는 반면, 칭찬의 말은 그 즉시 눈에 보이는 대로, 느끼는 대로 표현해도 괜찮다. 계산하지 않은 진심의 칭찬이라면 말이다.

칭찬 비결 두 번째는 상대가 듣고 싶어 하는 칭찬을 하는 것이다. 이를 위해서는 그 사람이 평상시 중요하게 생각하는 것이 무엇인지 역시 관심을 갖고 알아야 할 필요가 있다. 외모에 신경을 많이 쓰는 사람이라면 최근에 부쩍 예뻐졌다든지, 날씬해졌다든지 하는 외모에 대한 칭찬이 좋을 테고, 만일 삶에서 일이 차지하는 비중이 높은 사람이라면 그 사람의 능력과 업무성과에 대해 구체적으로 칭찬하는 것이 좋다. 특히 남성들은 여성 앞에서 더 능력 있고 멋있는 사람으로 보이고 싶은 욕구가 있으므로 작은 것이라 할지라도 항상 감탄하고 칭찬하면 그의 마음은 자신감으로 채워질 것이다.

남편과 만난 지 7년째인데도, 주변에서는 여전히 연애하는 것처럼 닭살커플이라고 놀린다. 남편과 사이가 좋은 이유 중의 하나로 매일 서로에게 쏟아붓는 '칭찬폭탄'도 한몫하지 않았나 싶다. 밀고 당기기를 하는 연애 초기의 커플이 아니라면, 서로에 대한 칭찬 습관은 확실히 남녀관계에도 도움이 된다. 나를 이토록 사랑하고 아껴주는 사람이 있다는 사실이 마음에 큰 안정감과 행복을 안겨주기 때문이다.

칭찬 비결 세 번째는 공개적으로 칭찬하거나 아니면 제3자를 통해 칭찬하는 것이다. 공개적인 칭찬일 경우, 여러 사람에게 자랑하고 싶은 욕구가 충족될 수 있어서 좋고, 제3자를 통해 듣는 칭찬은 두 명으로부터 칭찬과 인정을 받는 셈이어서 그 기쁨이 배가될 수 있어 좋다. 주변 사람들을 널리 널리 칭찬하라. 신기하게도 칭찬이라는 선물을 받은 사람은 더 큰 선물을 돌려주려고 한다. 따라서 내가 한 칭찬 이상을 언젠가는 돌려받게 되어 있다. 계산된 칭찬, 지나친 아첨은 들으면서도 불편하다. 누구나 그것을 느낄 수 있다. 반면 상대에 대한 관심에서 우러나온 마음을 담은 칭찬은 주변을 모두 행복하게 만든다.

③ 부메랑이 되어 돌아오는 험담은 NO!

여성들이 삼삼오오로 모여서 수다를 떨다 보면, 그 자리에 없는 누군가를 입에 올리는 경우가 자주 있다. 그런데 주로 좋은 말보다는 흉이나 험담을 늘어놓는 경우가 많다. 뒷담화가 잠시나마 스트레스를 푸는 데 도움이 되기도 하고, 험담을 나눈 사람들끼리는 같은 편이라는 인식이 생기면서 친해지기도 한다.

그런데 이러한 긍정적인 측면은 일시적일 뿐, 험담을 하고 나면 허무해지고, 자신이 비열해진 것 같은 기분이 들게 된다. 또한 늘 누군가를 험담하는 사람이 있다면, '분명 저 사람은 다른 사람 앞에서 내 욕도 저렇게 하지 않을까?'란 생각에 가까이하고 싶지가 않다. 즉 험담은 자신의 이미지를 스스로 깎아내리는 매우 어리석은 행동이다.

지난해 나는 새로운 자극과 열정을 충전하고 싶은 마음에 어떤 소모임에 참여한 적이 있다. 여성들이 좀 더 많은 집단이었기 때문일까? 겉으로는 늘 환하고 반가운 얼굴로 앞에서는 좋은 이야기들만을 하지만, 뒤로는 상당히 많은 얘기들이 오가고 억지 추측과 비방이 난무하다는 것을 시간이 많이 흘러서야 알게 되었다. 말이란 것은 참 신기해서 여러 사람을 거칠수록 부풀려지고 제멋대로 각색이 되기 마련이다. 또 세상에 비밀은 없는지라 언젠가는 돌고 돌아 내 귀에 들어오기 마련이다. 내가 누군가를 욕하면 그것은 다른 사람의 입을 통해 그 당사자에게 언젠가는 전달되고, 그 사람과의 인간관계는 좋게 이어질 리 없다. 내가 누군가를 욕한 만큼 나 역시 그대로 아니 그 이상으로 돌려받게 되어 있다.

:: 말하는 대로 된다. 소리 내어 행복을 불러들여라!

"언어는 행복의 문을 여는 중요한 열쇠다." – 사토 도미오

미국의 철학자 윌리엄 제임스는 "인생은 생각의 결과"라고 했다. 그리고 생각을 밖으로 표출한 것이 '말'이다. 어떤 사람이 평소에 자주 하는 말을 유심히 들어보면 그의 생각과 현재의 모습이 보이며, 더 나아가 미래의 모습까지 그려볼 수 있다. 당신은 하루 동안 어떤 말을 가장 많이 쓰는가?

"피곤해 죽겠어."
"○○ 때문에 짜증 나 죽겠어."
"미쳐 버릴 것 같아."
"아우~ 지겨워."
"해도 안 될 것 같아."
"그건 불가능하다고!"

혹시라도 이런 부정의 언어를 습관처럼, 아무 생각 없이 사용하고 있는 건 아닌지 반문해볼 일이다. 나 역시 일이 잘 풀리지 않고 답답하던 시절에는 "아, 정말 힘들어 죽겠네. 과연 잘 될까? 대체 기회는 언제쯤 오는 거야! 세상이 싫다. 후~" 하면서 깊은 한숨을 습관처럼 쉬던 때가 있었다. "너 계속 그렇게 한숨 쉬면, 정말 한숨 쉴 일밖에 안 생긴다"라고 보다 못한 누군가가 이런 얘길해줄 정도였다.

또 이런 부정의 언어를 다른 사람 앞에서 쓰면 어떻게 될까? 친한

친구들이야 다독거리며 "괜찮아, 다 잘될 거야" 하며 위로를 해주겠지만, 그것도 한두 번이다. 말에는 에너지가 있어서 상대에게 그대로 전해지기 마련인데, 늘 울상을 짓고 죽는소리나 하는 사람과는 그 에너지에 전염될까 봐 자주 만나고 싶지 않은 법이다.

반면 늘 활기찬 표정으로 긍정의 언어를 말하는 사람을 만나면 어떤가? 지금 현재의 모습은 비록 별 볼 일 없더라도, "노력해볼 거야. 자신 있어. 힘은 들겠지만 도전해보겠어!"라는 미래지향적 언어를 쓰는 사람을 보면, 그 사람은 정말 말한 것처럼 될 것 같다는 강한 느낌을 받는다. 그 사람을 보는 시선이 달라지고, 왠지 모를 믿음이 생기게 된다. 자신이 쓰는 언어로 형성된 긍정의 이미지가 행운의 기회를 불러올 수 있음을 명심하자.

앞서 밝힌 것처럼 스물일곱, 내 인생의 깊은 바닥을 경험하면서 절망과도 같은 상황에서 벗어나기 위해 나는 내 마음부터 바꿔야 했다. 세상을 바꿀 수는 없어도 내 마음을 바꿀 수는 있는 법. 수많은 자기계발 서적을 읽고, 필사를 반복하며 천국과 지옥을 만드는 것은 늘 내 마음이라는 것을 깨닫고 노력하기 시작했다. 그렇게 생각을 바꾸니 입 밖으로 나오는 언어가 어느 순간부터 달라졌다.

"할 수 있어. 난 반드시 내 꿈을 이룰 거야. 멋지다, 우지은! 계속 노력해보자고!"

그리고 이러한 긍정의 언어를 비단 나에게만 사용하는 것이 아니라 만나는 사람들에게 나누어주려고 노력했다. "믿어요. 기대해요. 당신은 잘할 수 있을 거예요. 정말 최고예요. 멋지네요" 같은 말들을 진심을 다해 전했다. 꿈을 실어주는 동기부여가는 누구나 될 수 있다. 우선 자신에게 믿음의 말을 자주, 많이 해주어야 한다. 지금 책을 쓰는 이 순간에도 나 자신에게 얼마나 많은 동기부여를 하고 있는지 당신은 짐작도 못할 것이다.

세상일이란 게 늘 좋고 행복한 일만 있을 수는 없다. 늘 행복한 사람도 없으며 늘 불행하기만 한 사람도 없다. 삶에 대한 회의, 푸념, 고뇌도 때때로 감기처럼 찾아오지만, 그래도 천국과 지옥을 만드는 것은 늘 내 마음이기에, 긍정의 언어로 내 마음 밭을 긍정으로 채우는 것이 중요하다. 내 복은 하느님이나 부모님이 만들어주는 것이 아니다. 20대부터는 내 복은 내가 만드는 것이다.

:: **매력은 친절이다**

"미모의 아름다움은 눈만을 즐겁게 하나, 상냥한 태도는 영혼을 매료시킨다." – 볼테르

누군가의 작은 친절에도 싱긋 웃으며 밝은 목소리로 "고맙습니다"라고 말할 수 있는 여성. 같은 여성이 봐도 참 매력적이다. 언젠가 어떤 책에서 "매력은 친절이다"라는 글귀를 보고 무릎을 탁 치며 100% 동감한 적이 있다. 매력적인 사람을 보면 그 매력의 기반엔 언제나 친절이 배어 있는 것을 볼 수 있다. 사람의 감정은 상대적이다 보니, 상대가 나를 좋아한다는 느낌이 있을 때 그가 더 좋아지기 마련이고, 나를 싫어하는 사람은 어지간해선 좋아하기 어렵다. 사람은 누구나 친절하고 정중한 대접을 받고자 하는 욕구가 있기 때문에 상대의 친절한 태도를 접했을 때 사람들은 '아…… 내가 지금 존중받고 있고, 이 사람이

나를 좋아하는구나!'라고 느끼며 행복해진다.

친절한 여성은 어디서나 환영을 받는다. 사적인 자리에서든, 일터에서든, 지위고하를 막론하고 만나는 모든 이에게 친절을 베푸는 여성은 아름답다. 무언가 상대에게 얻어내기 위해서, 계산적으로 행하는 친절은 그 의도가 빤히 들여다보여 감동이 그리 깊지 않다. 그리고 그러한 친절은 일시적인 겉포장에 불과하다. 누군가에게 친절함을 보일 때, 감사함을 표현할 때는 무언가를 바라는 마음이 아닌 '진짜 마음'만 전달하면 된다. 그리고 그 대가는 잊어버려라.

친절한 여성이 입에 딱 붙여야 할 말이 두 가지 있다. "고맙습니다"와 "덕분에"란 표현이다. "고맙습니다", "덕분에 일이 잘 해결되었어요"라고 말하며 작은 일에도 감사의 마음을 표현하는 습관을 들였으면 한다. 예를 들어, 일을 하다 보면 종종 후배나 직원들에게 밥을 사는 경우가 많은데, 기쁜 마음으로 밥을 사주고도 마음이 허탈했던 적이 종종 있다. 밥을 먹고도 "잘 먹었습니다"라는 간단한 인사말조차 하지 않는 경우가 그렇고, 비싼 음식을 사줄 때는 인사를 하면서 값싼 음식을 먹고는 아무 말도 하지 않는 경우가 그렇다. 겨우 인사 한마디 받고자 밥을 사는 선배나 사장은 없다. 단지 나의 친절을 그저 당연한 것으로 받아들이는 태도에 마음이 상하는 것이다. '저 친구는 기본이 안 되어 있어. 감사할 줄을 모르는군'이라는 실망감이 들 수밖에 없다.

20대 초중반의 어린 친구들이 그런다면, 아직 몰라서 그런 거라 이해하고 친절히 큰언니처럼 알려준다. 그럼 그 이후론 인사도 예쁘게 잘한다. 그런데 30대가 되어서도 매너 없는 태도를 보이는 여성들을 보면 뭐라고 말해야 할지 난감하다. 기본적인 마음가짐 자체가 상대의 호의를 당연하다고 여기는 태도에서 비롯된 것이기에 안타까울 따름이다.

조금만 따뜻한 마음으로 주변을 둘러보면 참으로 감사할 일들이 수두룩하다. 그러나 감사란 저절로 느껴지는 감정이 아니라 고마워하기를 선택한 사람만이 느낄 수 있는 의도적인 감정이기 때문에 노력하고 훈련해야 한다. 그리고 훈련을 통해 감사함을 자주, 깊이 느낄수록 행복감은 더욱 커진다. 우선 입버릇부터 바꾸어보자. 상점을 구경하고 나올 때도 "고맙습니다", 택시에서 내릴 때도 "고맙습니다", 누군가의 짧은 조언에도 "덕분에 도움이 많이 되었습니다. 감사합니다", 선배가 밥을 사주면 "정말 맛있게 잘 먹었습니다. 다음엔 제가 살게요" 등 "고맙습니다. 덕분에……"란 표현이 입에 착착 붙도록 노력해보자.

이러한 말을 들으면 가슴이 훈훈해지며 상대에게 그 따뜻함을 또 전하고 싶은 게 인지상정이다. 그래서 감사를 잘 표현하는 사람은 감사할 일들이 점점 늘어난다. 더 많은 것을 얻게 되고 더 깊은 행복감을 느끼게 된다. 감사의 최대 수혜자는 감사를 표현하는 자기 자신임을 잊지 말고, 매사에 감사함을 표현하는 친절한 여성이 되어보자.

아름다운 이미지로
기억되는 법

:: **다름의 차이를 인정하자**

"다른 사람도 내 식대로 세상을 대한다고 착각하지 말라. 그러면 당신의 인간관계가 한층 풍요로워질 것이다." – 리처드 칼슨

이 세상 70억 명 인구의 생김새가 모두 다르듯 사람들의 가치관, 생각 또한 모두 제각각이다. 인간관계에서 오는 갈등의 이면을 가만히 들여다보면 나와 너의 차이, 다름의 차이를 인정하지 못하는 데서 오는 경우가 많다. 관계의 폭과 깊이가 좁았던 20대 시절엔 그러한 다름을 수용하는 게 참 어려웠다. '나는 옳고, 너는 틀려. 나와 다른 네 생각, 가치관을 이해할 수 없어'라고 차마 입 밖으로 꺼낼 수는 없어도 이런 생각의 틀, 나만의 프레임에 갇혀 살아왔던 것도 부인할 수 없다.

세상을 조금 더 경험하고, 조금 더 다양한 사람들을 만나 온 그간의 시간 덕분일까. 이제는 사람들의 생각과 가치관에도 조금은 여유로운

시선을 갖게 된 것 같다. 요즘은 누군가와 만나 대화를 나눌 때 내가 취하는 화법은 '음…… 그럴 수도 있지'의 태도다. '그럴 수도 있지'라는 열린 사고로 대화를 나누면 사실 이해 못할 일이 별로 없다. 상대도 나의 수용적 태도에 마음의 빗장을 활짝 열게 되어 더욱 가까워지면서 대화는 무르익게 된다.

얼마 전 지인 한 분과 처음으로 깊이 있는 얘기를 나눌 때였다. 그분은 자기계발 서적에 항상 등장하는 '꿈을 꾸면 이루어진다', '시크릿' 같은 법칙 등을 믿지 않는다고 했다. 세상에 열정만 가지고, 노력만으로는 안 되는 것들도 많고, 인력으로 되지 않는 것들도 분명히 있기에 자신은 그 점에 대해선 회의적인 시각을 갖고 있다고 했다. 순간 나는 이어서 무슨 말을 해야 할지 잠시 머뭇거렸다. 사실 나는 이와 반대의 생각을 하는 사람이다. 꿈이 하나씩 이루어지는 과정을 즐기는 사람이며 나의 생각을 젊은이들에게 전파하는 것을 소명이라 생각하는 사람이다. 그렇기에 그 얘길 들었을 때 반박하고 싶은 마음이 순간 들었으나, 이내 '그럴 수도 있지'의 태도를 취하려고 노력했다. 또한 그러한 생각이 자리 잡기까지는 그 사람만의 인생의 고뇌와 경험치가 있으리라 생각했다.

'초록은 동색, 가재는 게 편'이라고 사람들은 누구나 자신과 비슷한 사람에게 끌리고 친해지고 싶어 한다. 그렇기에 나와 다른 생각에 대해 반박하고 내 생각과 가치가 옳다고 주장하는 것은 무슨 중요한 사회적 토론이 아닌 이상 의미가 없다. 생각의 차이를 강조해봤자 서로의 관계를 소원하게 만들 뿐이다. 따라서 이때는 수용의 의미로 고개를 천천히 끄덕이며, "아, 당신은 그렇게 생각하시는군요. 네, 그럴 수도 있네요. 세상엔 정말 노력으로 안 되는 일들도 분명히 있죠. 맞아요. 그런데 그럴 때 긍정과 희망의 마음을 갖고 살아가는 것과 그저 절망과 슬픔 속에서 살아가는 건 또 차이가 있다고 생각해요"라면서 일정 부분을 인정하며 자기 생각을 펼치는 것이 좋다. 이것이 상대의 마음을 헤아리는 대화법이다.

이러한 태도로 대화하게 되면, 상대에 대해 더 많은 정보를 알게 되고 더 깊이 있는 관계가 가능해진다. 자신의 생각을 수용해주는 상대에게 고마운 생각을 갖게 되며 긍정적인 관계가 형성되는 것은 물론, 그러한 가치관 이면에 자리 잡은 그 사람 고유의 경험에 관심을 갖게 되어 상대를 깊이 이해할 수 있다는 장점이 있다. '옳다와 그르다', '흑과 백' 같은 이분법적 사고로 판단하기엔 세상엔 참 많은 다양성이 존재한다. 관계와 상황, 맥락 안에서 유연한 사고, 너른 마음으로 세상을 바라볼 때 더 많은 것들을 보고 느낄 수 있다. '그럴 수도 있지' 하면서 자꾸만 되뇌어보자. 세상 사람들이 더 재미있어진다.

:: 당돌함과 자신감은 차원이 다르다

"자만심은 손해를 초래하지만, 겸허함은 이익을 가져다준다." -「서경」중에서

'현대 사회는 자기 PR과 표현의 시대다. 자신의 의견을 논리적으로 잘 피력해야 한다. 어디서나 당당한 자신감을 가져야 한다' 등의 얘기를 수없이 읽고 들은 당신. 물론 다 맞는 얘기이고 내적인 자신감의 중요성은 나 역시도 이 책 안에서 수차례 기술했다. 그러나 문제는 당당

한 자신감이 지나친 나머지 당돌하게 보이는 경우도 적잖다는 점이다. 자기애와 나르시시즘이 다르듯 자신감과 당돌함은 차원이 다르다.

　같은 말을 하더라도 말하는 태도와 말투, 혹은 말을 전개하는 방식에 따라 받아들이는 사람은 상대에게 우호적일 수도 있고, 적대감을 갖기도 한다. 모두가 "YES"라고 외칠 때, "NO"라고 소신 있게 말하는 것은 좋다. 하지만 항상 문제가 되는 것은 태도다. '어디서나 당당하라 했으니까, 지금 내가 하고 싶은 말은 다 해야 돼'라고 생각하면서 하나부터 열까지 논리적으로 따지듯, 자기주장만 강하게 밀어붙인다면 어떻게 될까? 상대는 그 논리를 머리로는 이해할지 몰라도 마음에서는 멀어질 것이다. '어쩜 저렇게 당돌하게 자기 할 말 다하는 친구가 있을까? 그래, 너 잘났다'란 생각에 주변에 당신을 도와주는 친구나 선배, 상사는 점점 사라질 것이다.

　상대의 의견에 반론을 펼칠 때도, 이성과 논리만을 내세우면서 똑 부러진 말투로 "넌 이게 틀렸고, 이점도 아니라고 생각해. 나는 이렇게 생각하거든. 어때 내 말이 맞지?"라고 말한다면 무척이나 얄미울 것이다. 나그네의 두툼한 옷을 매서운 비바람이 아닌 따스한 햇볕이 벗게 했듯이 날카로운 논리보다는 부드러운 감성이 상대의 마음을 움직일 때가 일상생활 속에서는 훨씬 많다.

　"그래, 네 말도 일리가 있어. 그런데 난 이러이러한 생각도 드는데 말야. 네 생각은 어때?" 하면서 자기주장이 옳다고 주장만 하는 것이 아니라 마지막엔 상대의 의견을 구하는 식으로 얘기를 하면 상대도 대부분 수긍하고 이어서 자기 생각을 이야기할 수 있다. 그러면서 각자 주장의 합일점을 찾아 나가는 것이다. 즉, 자기가 하고 싶은 말은 조근조근 논리적으로 다 하되, 상대를 존중하며 부드러운 태도로 말하는 것이 중요하다.

미국 작가 아인 랜드가 이런 말을 했다. "성공에는 재능과 행운이 모두 필요하다. 그리고 '행운'은 다른 사람의 도움을 받는 것이다"라고.

사람이 성장하고 성공하는 데는 절대 혼자 힘으로는 한계가 있다. 늘 나보다 먼저 경험을 한 누군가의 조언과 도움으로 조금씩 앞으로 나아가게 마련이다. 그런데 '나만 잘났다, 나만 옳다'의 당돌한 태도로는 내게 도움의 손길을 주는 사람은 없어진다. 모든 게 잘나고, 똑똑하고, 혼자서 충분히 잘하는 사람한테는 도움이 필요 없다고 생각하기 때문이다. '참 착하고, 노력하면서 열심히 사는 친구야. 그런데 저런 부분은 좀 부족한 것 같은데, 뭘 좀 도와줄 수 없을까?'란 생각이 들 수 있게, 조금은 빈틈을 보여주는 것도 괜찮다. 그리고 누군가의 도움에 늘 감사한 마음을 가진다면 주변은 도움 줄 사람들로 넘치게 될 것이다.

자신이 뜻한 바를 반드시 이룰 수 있다는 스스로에 대한 믿음이 자신감이다. 자신감은 무슨 일을 하든 성공의 밑바탕이 되는 중요한 마음가짐이다. 그런데 자신감이 지나쳐 나만 옳다고 주장하는 순간 그것은 당돌함이 된다. 스스로에 대한 자신감은 충만하되 이는 '겸손한 자신감'이어야 다른 이의 공감을 얻는다. 세상을 살면서 머리를 자주 숙이면 숙일수록 그만큼 부딪히는 일이 줄어든다. 누구를 만나든 몸을 낮추고, 배울 점을 찾는 태도를 가진다면 겸손함은 절로 우러날 것이다.

:: 문자메시지에 은근히 드러나는 이미지

"인간은 언어에 의해 의사소통을 하지만 언어는 군중의 머리로 만들어내므로, 불완전하고 부적합한 언어로부터는 정신에 대한 놀라운 장애가 생긴다." – 베이컨

현대인은 참 바쁘다. 숨 돌릴 틈 없는 하루하루를 보내다 보면 시간을 내어 얼굴을 본다는 건 정말 서로에게 큰 의미가 있을 때나 가능한 일인 것도 같다. "언제 한번 보자"라는 인사말만 남긴 채 수년째 만나지 못한 동기 동창이 수두룩하니 말이다. 학창시절을 함께 보낸 친구도 이럴진대 학교를 떠나 사회에서 새롭게 관계를 맺게 된 낯선 수백 명의 사람들, 혹은 그 이상의 사람들과의 네트워크는 직접적인 만남만으로 유지되기란 불가능하다.

그래서 만남의 빈도는 적은 대신 그 관계 유지를 위해 우리가 자주 사용하는 연락매체로는 전화, 이메일, 문자메시지 등이 있다. 요즘은 전화나 이메일보다도 손쉬운 문자메시지를 더 자주 사용하는 것 같다. 전화를 걸자니, 목소리도 가다듬어야 하고 뭔가 특별히 할 말이 있을 때만 연락해야 할 것 같은 느낌이 있어 쉽사리 버튼을 누르게 되지 않는다. 이메일 역시도 인사말과 본론, 맺음말 등 형식을 완벽하게 갖춰 써야 할 것 같은 부담감이 있어 망설여진다. 그런데 문자 메시지는 간단하게 한두 줄 안부만 물어도 어색하지 않고, 전화처럼 상대방의 상황을 크게 고려하면서 연락을 취하지 않아도 된다. 게다가 다양한 감정을 전달하는 귀엽고 재미있는 이모티콘들의 출현으로 이를 활용하는 재미까지 제법 쏠쏠하다.

그런데 한 가지 흥미로운 사실은 문자메시지를 보면 그 사람의 평상시 화법, 일 처리 방식, 더 나아가서는 인격까지도 엿볼 수 있다는 점

이다. 가장 매너에 어긋나는 경우는 뭐니 뭐니 해도 문자에 대한 답이 없을 때다. 하도 답답한 마음에 그때 왜 답을 안 주었느냐고 물으면, 굳이 대답해야 하는지 몰랐다고 무심하게 얘기하는 스타일의 사람들이 있다. 친구라면, '얘는 원래 좀 무심한 스타일이니까' 하고 이해하며 넘어가겠으나, 업무상에 이런 일이 있으면 사소한 일이지만 프로의 자질을 의심받게 된다. 문자를 받으면 아주 간단하게라도 "네, 잘 알겠습니다"라는 확인문자를 보내는 것이 상대에 대한 매너다. 또한 상황이 허락하는 한, 문자는 확인한 즉시 보내야 한다. 요즘은 상대가 문자를 확인했는지 여부를 알 수 있는 기능까지 있어서 문자를 보고도 바로 답을 주지 않으면, 슬쩍 감정이 상하기도 한다.

또 요즘 대세인 카카오톡이라는 문자서비스에서는 상대의 얼굴 이미지와 공개된 프로필 등을 볼 수 있다 보니 몇 번 만나지 않은 사람인데도 신기하게 더 가깝게 느껴지는 경우가 많다. 그러다 보니 실제적인 관계의 깊이는 생각지 않고, 문자 상에서 무조건 친근하게 접근하는 것도 가끔은 부담스러울 때가 있다. 특히나 원래 애교가 많고 사교적인 사람일수록 그러한 이미지가 문자메시지에 과도하게 드러나곤 한다. '~한대용, ~하삼'으로 끝나는 어투, '호호호, 캬캬캬, ♥♥'을 비롯한 각종 감정 이모티콘 등의 남발은 친한 사이에서는 관계를 돈독하게 하는 도구이나 그렇지 않은 경우엔 자신의 이미지를 가볍게 만들 수 있고 상대에게 거부감을 줄 수도 있으니 주의해야 한다. 즉, 내 스타일대로 하는 것이 아니라 상대를 고려하는 문자 매너도 필요하다. 얼굴이 보이지 않는 상태에서 텍스트와 이모티콘만으로 사실과 감정을 표현할 때는 더 신중해야 한다.

그리고 항상 말끝마다 말줄임표를 쓰는 사람도 있다. 같은 말이라도 "네…… 알겠습니다……"라고 하면 어떤가? 뭔가 불만스러운 느낌도 전해지고, 어찌 보면 힘이 없고 우울한 느낌을 상대에게 전달할 수 있다. 이보다는 "네! 알겠습니다!" 같이 느낌표가 들어간 표현이 훨씬 힘 있고 활기차 보인다. 특히나 소개팅하기 전, 몇 번 주고받게 되는 문자메시지에 그 사람의 이미지가 투영되기도 하는데, 다정다감한 사람인지, 사무적인 사람인지, 활달한 사람인지, 조용하고 침착한 사람인지, 충분히 느낄 수 있다. 그렇게 문자메시지로 미리 형성된 이미지는 실제 만남에서의 첫 이미지에도 분명 영향을 끼치기 마련이다. 중요한 첫 만남 전, 자신이 어떤 이미지로 보일지 한번쯤 생각해볼 일이다.

또 요즘은 문자를 실시간 대화처럼 주고받는 경우도 많은데, 이때도 일상의 대화 법칙이 그대로 적용되어야 한다. 상대의 반응이나 대답을 기다리기도 전에 혼자 하고 싶은 말만 길게 늘어놓는 것은 아닌지, 지금 휴대전화 메시지에서 자신의 말풍선 길이를 확인해보라. 상대와 같은 페이스를 유지하면서 비교적 비슷한 길이로 대화를 주고받아야 서로 부담이 없다. 문자메시지의 양과 빈도가 커진 만큼, 단순히 몇 번 오가는 문자가 아닌 대화의 연장선으로 봐야 한다. 나의 말이 상대에게 어떤 의미로 다가갈지, 작은 문장 부호 하나가 어떤 느낌일지, 눈에 보이지 않기에 실제 만남보다도 더 세심히 신경 써야 하겠다. 너와 나의 관계를 이어주는 편리한 도구는 상대를 배려하는 매너가 더해졌을 때, 그 의미와 구실을 다하게 된다.

:: 나는 어떤 향기로 기억될까?

"그녀에게 반한 진짜 이유는 바로 그 어느 것과도 비교할 수 없는 놀라운 향기 때문이라는 것을 아무도 깨닫지 못하겠지!" – 영화 「향수」 중에서

"낯선 여자에게서 내 남자의 향기를 느꼈다."

예전에 너무나 유명했던 광고문구처럼 향기는 사람의 감정과 기억을 단번에 사로잡을 수 있는 매력적인 매개체이다. 실제로 여성은 후각이 예민해서 옛 애인이 쓰던 향수나 스킨 냄새를 우연히 맡으면 그와의 추억에 순간적으로 빠지곤 한다. 남성도 마찬가지로, 여성만큼 후각에 민감한 것은 아니나 은은하게 코끝으로 전해지는 좋은 향기에는 더욱 매력을 느낀다고 한다.

미국 브라운대학 심리학과의 레이첼 헤르츠 교수는 "시각적 자극으로 떠오른 기억보다 냄새로 떠오른 기억이 더 감정적으로 느껴지며, 기억을 상기하는 동안에도 더 많은 감정을 느끼게 된다"고 말한다. 즉, 냄새는 다른 어떤 자극보다도 그 순간의 기억이나 감정을 끌어내는 데 탁월한 효과가 있는 것 같다. 사람의 다양한 감각 중에서도 시각, 청각 다음으로 발달해 있는 것이 후각이기에 냄새로 형성되는 한 사람의 이미지도 무시할 수 없는 요소이다.

주변의 사람들은 당신을 어떠한 향기로 기억할까? 같은 여성임에도 좋은 향기가 나면 묘한 끌림 같은 것이 생기는데, 순간 '아~ 여자냄새다. 여성스러워'라는 느낌을 불러일으킨다. 여자가 느끼기에도 여성스러움이 물씬 풍기는 냄새에 하물며 남자들의 반응은 더하지 않을까?

내가 모르는 사이 사람들은 나를 고유의 향기로 기억한다. 그렇다면 좋은 냄새는 아닐지언정 불쾌한 냄새는 정말 잘 관리해야 하지 않

을까. 예를 들어 여름철에는 땀 냄새나 발 냄새가 나지 않도록 주의해야 한다. 다들 공감하겠지만 여름에 샌들을 온종일 신은 후 나는 발 냄새는 정말 최악이다. 갑자기 신발을 벗어야 할 상황이 되었을 때의 난감함이란 겪어본 사람이면 모두 공감할 터이다. 그리고 평상시 대화할 때는 무엇보다도 입 냄새가 나지 않는지 세심히 살펴야 한다. 냄새라는 것이 지극히 사적인 부분이라 사실 웬만큼 친한 사이에서도 불쾌한 냄새에 대해 솔직히 말하기가 여간 어려운 게 아니다. 따라서 본인은 전혀 모른 채 악취를 뿜어대며 사람들에게 엄청난 스트레스와 마이너스 이미지를 전할 수도 있다는 사실을 알아야 한다. 나의 콤플렉스도 애정을 갖고 말해줄 수 있는 가족에게 조언을 구해보자. 그리고 쉽게 냄새를 없앨 수 있는 데오도런트, 구강청정제나 휴대용 칫솔세트는 늘 소지하고 다니도록 하자.

또한 향기는 비즈니스에서도 중요하게 다뤄져 마케팅의 주요 전략으로 활용되기도 한다. 예를 들어 미국 중고차 매매 업소에서는 고객에게 차를 선보이기 직전에 반드시 새 차 냄새가 나는 방향제를 뿌리기도 하고, 서울에 있는 한 편의점은 매장에서 빵을 직접 굽기 시작하자 빵 굽는 냄새에 이끌린 고객들이 몰려들어 매출이 50%나 증가했다고 한다. 이런 사례를 응용해 우리 회사에서는 일정한 시간 간격으로 달콤한 복숭아 향이 나는 방향제를 입구에 설치해 놓았고, 처음 교육원을 방문해 상담을 받는 공간에는 마음을 안정시키는 데 도움이 된다는 로즈메리 아로마 향이 나게끔 해두었다. 그리고 내 명함 케이스에는 내가 평상시에 쓰는 향수를 늘 뿌려놓는다. 아주 은은하게나마 명함을 건넬 때 나의 향기도 함께 전해질 수 있도록 말이다. 이렇게 전략적으로 향기 이미지를 이용해보는 것도 하나의 방법이다.

  이미지는 참으로 다양한 색깔을 지녔다. 시각, 청각, 촉각, 후각, 공감각, 이 안에서 무수히 나뉘는 이미지 스펙트럼들. 그중에서도 그간 소홀히 했던, 많은 감정과 상념을 불러일으키는 후각 이미지에도 관심을 갖고 나만의 향기를 가꿔 다른 이에게 신비롭고 매력적으로 다가가 보자. 그날그날의 분위기에 따라 색다른 향기로 다양성과 변화를 추구할 수도 있고, 늘 은은한 같은 향으로 나만의 향기 이미지를 구축할 수도 있겠다. 당신만의 기분 좋은 향기가 벌써부터 궁금하다.

향기로 기억되는
작은 배려

　이병률의 『끌림』에서 향을 통해 상대방을 배려하는 이발사 이야기를 인상 깊게 읽은 적이 있다.
　멕시코의 곤잘레스 할아버지는 기막힌 이발사였다. 손님 한 사람 한 사람을 대하는 그 손길과 자세가 예술적이었다. 배려가 넘치면서 정확하고, 심지어 부드럽기까지 했다. 중요한 건 이 모든 걸 전혀 생색내지도 일부러 드러내려 하지도 않았다는 것이다. 압권은 면도였다. 그는 세 개의 컵을 가져다 손님에게 향을 맡게 했다. 비누거품을 만드는 그 통엔 각각 향이 다른 비누가 담겨 있었다. 그중에서 맘에 드는 걸 고르라고 했다. 이 정도면 할아버지가 얼마나 프로인지 알 수 있을 것이다. 물론 머리를 감길 때 역시 손님이 선택한 향 비누로 머리를 감겨 주었다.
　곤잘레스 할아버지는 손님에게 좋아하는 향기를 선택하게 함으로써 상대를 배려하고 존중받는 기분까지 들게 했다. 그는 향기가 사람의 기분을 움직일 수 있다는 것을 알았던 것이다. 향은 그렇게 맡아지고, 기억되고, 결국은 그 사람을 떠올릴 때 그 향을 다시 맡는 기분이 들게 한다. 다른 사람이 당신을 떠올릴 때 어떤 향기가 함께 기억됐으면 좋겠는가?

(참고 : 이병률, 『끌림』, 달, 2010)

• **Epilogue**

그대 인생의 아름다운 정원을 꿈꾸라

두려웠다. 내가 뭐 대단한 사람이라고, 자기계발 책을 쓸 자격이나 될까? 이러한 생각에 사로잡혀 책 계약을 하고 수개월간, 사실 두 손 놓고 괴로워했다. 생각은 많으나 어찌 정리해야 할지 몰라 난감했고, 스스로의 자격지심에 쓰고 지우기를 반복했다. 또 회사에 있으면 바쁜 일상에 치여 집필은 늘 후순위로 밀려났다. 내 어깨에 짊어진 막중한 책임과 업무에 숨이 막혀 떠나고 싶을 때도 숱하게 있었음을 고백한다. 힘든 시간이었다.

내 이야기와 생각들을 솔직하게 세상에 내놓는다는 것에 대한 망설임, 그리고 스스로에 대한 미흡함을 극복하는 데에는 나를 사랑하고 지지해주는 주변 사람들의 도움이 컸다. 그간 나의 성장을 지켜보며 따스한 충고로 갈 길을 이끌어 주신 스승님들이 계셨고, 멋지고 대단하다며 칭찬을 아끼지 않은 고마운 동료들이 있었기에 용기를 낼 수 있었다. 초롱초롱한 눈빛을 반짝이며 나를 멘토라 칭하는 사랑스러운 제자들과 집필의 마지막을 함께하며 진심으로 곁에서 도운 착한 조교 은지가 있어서 힘이 났다. 철부지 동생에서 이젠 훌륭한 사업 파트너로 성장한 내 동생 지영이 집필기간에 내 업무의 세세한 공백을 메워주었기에 이 책이 탄생할 수 있었다. 그리고 나의 남편, 마뜌. 일에만 매달리는 바쁜 아내와 살아줘서 얼마나 고마운지 모른다. 올해는 그의 첫 책도 출판되는 해라 더욱 뜻 깊다. 같은 꿈을 꿀 수 있는 사람이 곁에 있어 행복하다.

마지막으로 나의 부모님. 지금의 나를 만든 건 팔 할이 엄마의 간절한 기도 덕분이라는 것을 잘 안다. 나 하나 잘되기를 바라는 마음으로 평생을 희생하며 살아오신 엄마의 크나큰 믿음과 사랑을 알기에 나는 그 기대에 부응하고자 어떤 순간에도 포기하지 않고 인내할 수 있었다. 또한 하늘나라에서 나를 지켜보고 계시는 아빠……. 아빠는 나의 수호천사다. "우리 지은이 최고!! 일등!!" 하고 엄지손가락을 치켜세우시던 아빠의 모습과 음성이 항상 보이고 들리는 듯하다. 늘 곁에 머물며 도와주고 계심을 나는 느낄 수 있다.

"엄마! 아빠! 감사합니다. 사랑합니다."

한 번도 입 밖으로 꺼내어 본 적 없는 말. 이제야 지면을 빌어 고백해본다.

20대에게 인생 선배로서 조언을 해주기 위해 이 책을 썼다지만, 사실 책을 쓰면서 가장 큰 에너지를 얻은 건 나 자신인 것 같다. 내가 걸어 온 지난 시간들을 찬찬히 정리해볼 수 있는 시간이었고, 현재의 모습을 점검할 수 있는 시간이었으며, 앞으로 어떻게 살아가야 할지 다짐하는 시간이었다. 나의 내면이 좀 더 풍요로워짐을 느끼며, 더 성숙해지고 싶다는 욕심도 생겼다. 앞으로의 15년을 열심히 살아갈 마음의 준비만큼은 끝낸 느낌이다.

지금으로부터 15년이 흐르면, 내 나이 50세에 접어든다. 50이라는 숫자가 현재로서는 전혀 실감이 나지는 않으나, 지난 15년이 쏜살같이 지나간 것을 돌이켜보면 앞으로의 15년도 그리 먼 길은 아닐 것이다. 일도 사랑도 열정적으로, 일상의 소소한 즐거움을 놓치지 않고 때론 여유도 부리며, 그렇게 멋지게 후회 없이 내 일생을 가꾸어 나가고 싶다. 15년 후, 나는 어떤 모습일까? 성숙한 아름다움이 빛을 발하는 멋진 50대 여성이 되어 30~40대에게 희망의 메시지를 쓰고 있을 행복한 나를 상상해본다.

30대에 세 권의 책을 쓰겠다던 다짐은 서른다섯, 오늘로 이루어졌다. 나의 기대보다 훨씬 빠르게 이루어진 꿈에 감사의 마음만 가득하다. 그저 뿌연 동경과 잡히지 않는 막연함으로 시작되는 작은 씨앗 같은 꿈. 하지만 거기에 시간과 노력, 인내라는 양분을 더하면 작은 씨앗도 아름다운 정원이 될 수 있는 법이다. 책을 통해 밝힌 나의 작은 경험과 깨달음이 인생에서의 변화와 행복을 꿈꾸는 당신에게 부디 동기부여의 씨앗이 되었으면 한다.

당신 인생의 아름다운 정원을 꿈꾸라. 꿈은 이루어진다. 인내하는 자에게는 반드시.

여자는 목소리로 90% 바뀐다

초판 1쇄 발행 2013년 5월 23일
초판 6쇄 발행 2017년 5월 22일

지은이 우지은
펴낸이 연준혁

출판 2본부 이사 이진영
출판 2분사 분사장 박경순
책임편집 윤서진
기획실 배민수
디자인 김준영

펴낸곳 (주)위즈덤하우스 출판등록 2000년 5월 23일 제13-1071호
주소 경기도 고양시 일산동구 정발산로 43-20 센트럴프라자 6층
전화 031)936-4000 팩스 031)903-3891 홈페이지 www.wisdomhouse.co.kr

값 13,000원 ISBN 978-89-6086-601-0 [13320]

*잘못된 책은 바꿔드립니다.
*이 책의 전부 또는 일부 내용을 재사용하려면
사전에 저작권자와 (주)위즈덤하우스의 동의를 받아야 합니다.

국립중앙도서관 출판시도서목록(CIP)

여자는 목소리로 90% 바뀐다 / 지은이: 우지은. — 고양 :
위즈덤하우스, 2013
 p. ;   cm

 ISBN 978-89-6086-601-0 13320 : ₩13000

성공법[成功法]
음성(목소리)[音聲]

325.04-KDC5
650.1-DDC21   CIP2013005622